# ACCOUNTING PRINCIPLES

**SECOND CANADIAN EDITION**

# ACCOUNTING PRINCIPLES

## WORKBOOK
## PROBLEM SET A
## Chapters 1-19

► **JERRY J. WEYGANDT** *Ph.D., C.P.A.*
Arthur Andersen Alumni Professor of Accounting
University of Wisconsin—Madison
Madison, Wisconsin

► **DONALD E. KIESO** *Ph.D., C.P.A.*
KPMG Peat Marwick Emeritus Professor of Accountancy
Northern Illinois University
DeKalb, Illinois

► **PAUL D. KIMMEL** *Ph.D., C.P.A.*
University of Wisconsin—Milwaukee
Milwaukee, Wisconsin

► **BARBARA TRENHOLM** *M.B.A., F.C.A.*
University of New Brunswick
Fredericton, New Brunswick

**JOHN WILEY AND SONS CANADA, LTD.**

**National Library of Canadian Cataloguing in Publication Data**

Trenholm, Barbara A.
Workbook problem set A, chapters 1-19, to accompany Accounting principles, High school ed. / Barbara Trenholm.

First published as chapters 1-19 of vols. 1-2 or the Working papers to accompany Accounting principles, 2nd Canadian ed.
ISBN 0-470-83215-0

1. Accounting—Problems, exercises, etc. I. Title. II. Title: Accounting principles.

HF5635.A3778 2002 Suppl. 1 657′.042 C2002-902931-7

**Production Credits**
Publisher: John Horne
Publishing Services Director: Karen Bryan
Editorial Manager: Karen Staudinger
Senior Marketing Manager: Janine Daoust
Design & Typesetting: Natalia Burobina
Printing & Binding: Tri-graphic Printing Limited

Printed and bound in Canada
10 9 8 7 6 5 4 3

John Wiley & Sons Canada Ltd
6045 Freemont Boulevard
Mississauga, ON
L5R 4J3

Visit our website at www.wiley.ca

Name

Section

Date

E 1-1

(a) Is the rationale for why capital assets are not reported at liquidation value.
(b) Indicates that personal and business record-keeping should be separately maintained.
(c) Assumes that the dollar is the "measuring stick" used to report on financial performance.
(d) Indicates that market value changes after purchase are not recorded in the accounts.

E 1-2

(a)

(b)

(c)

E 1-3

(a)

| | | | |
|---|---|---|---|
| Cash | $ 108.6 | Inventories | $ 1,396.6 |
| Accounts receivable | 1,674.4 | Income taxes payable | 28.9 |
| Share capital | 265.4 | Property, plant, and equipment | 1,153.1 |
| Notes payable | 480.2 | Retained earnings | 2,996.2 |
| Other assets | 1,064.7 | Accounts payable | 584.6 |
| Other liabilities | 1,042.1 | | |

(b)

Section
Date

E 1-4

(a) Accounts payable
(b) Cash
(c) Cleaning equipment
(d) Cleaning supplies
(e) Accounts receivable
(f) Notes payable
(g) Salaries payable
(h) Ace, Capital

E 1-5

1.
2.
3.
4.
5.
6.
7.
8.
9.

E 1-6

1.
2.
3.
4.
5.
6.
7.
8.

Section
Date

E 1-7

(a) An examination of financial statements to determine whether they are presented in accordance with generally accepted accounting principles
(b) A business enterprise that raises money by issuing shares
(c) The portion of owner's equity that results from receiving investments from the owner
(d) Obligation to suppliers of goods
(e) Amounts due from customers
(f) A party to whom a business owes money
(g) A financial statement that reports assets, liabilities, and owner's equity at a specific date
(h) A business that is owned by one individual

E 1-8

| | Wyatt Company | Maxim Enterprises |
|---|---|---|
| Beginning of year: | | |
| Total assets | 95000 | 125000 |
| Total liabilities | 80000 | (c) |
| Total owner's equity | (a) | 95000 |
| End of year: | | |
| Total assets | 160000 | 180000 |
| Total liabilities | 120000 | 50000 |
| Total owner's equity | 40000 | 130000 |
| Changes during year in owner's equity | | |
| Investments | (b) | 25000 |
| Drawings | 24000 | (d) |
| Total revenues | 215000 | 100000 |
| Total expenses | 175000 | 85000 |

Name Exercise 1-9

Section

Date Depeau Company

Name Exercise 1-10

Section

Date Bourque & Co.

(a)

(b)

(c)

Name Exercise 1-11
Section
Date Bourque & Co.

BOURQUE & CO.
Income Statement
For the Month Ended August 31, 2003

BOURQUE & CO.
Statement of Owner's Equity
For the Month Ended August 31, 2003

BOURQUE & CO.
Balance Sheet
August 31, 2003

Name Exercise 1-12

Section

Date Serg Co.

SERG CO.
Income Statement
For the Year Ended December 31, 2002

SERG CO.
Statement of Owner's Equity
For the Year Ended December 31, 2002

Name | Exercise 1-13
Section
Date | Otago Company

OTAGO COMPANY
Balance Sheet
December 31, 2002

Name

Section

Date

Exercise 1-14

Deer Park

(a)

(b)

DEER PARK

Balance Sheet

December 31, 2002

Name

Section

Date



E 1-15

ATLANTIC CRUISE COMPANY

Income Statement

For the Month Ended October 31, 2003

E 1-16

LORRAINE RING, LAWYER

Statement of Owner's Equity

For the Year Ended January 31, 2003

Name
Section
Date

Problem 1-1A

MEMORANDUM

DATE:

TO: President, Richelieu Motors

FROM:

SUBJECT:

Name

Section

Date

Problem 1-3A

(a)

PEPER TRAVEL AGENCY

| | Trans-actions | Cash | + | Accounts Receivable | + | Supplies | + | Office Equipment | = | Accounts Payable | + | Merle Peper, Capital |
|---|---|---|---|---|---|---|---|---|---|---|---|---|
| | | Assets | | | | | | | = | Liabilities | + | Owner's Equity |
| Apr. | 1 | | | | | | | | | | | |
| | 2 | | | | | | | | | | | |
| | 2 | | | | | | | | | | | |
| | 7 | | | | | | | | | | | |
| | 8 | | | | | | | | | | | |
| | 11 | | | | | | | | | | | |
| | 15 | | | | | | | | | | | |
| | 25 | | | | | | | | | | | |
| | 30 | | | | | | | | | | | |
| | 30 | | | | | | | | | | | |

(b)

(a)

## JULIE SZO, BARRISTER AND SOLICITOR

| Trans-actions | Assets | | | | = | Liabilities | | + | Owner's Equity |
|---|---|---|---|---|---|---|---|---|---|
| | Cash + | Accounts Receivable + | Supplies + | Office Equipment | = | Notes Payable + | Accounts Payable | + | Julie Szo, Capital |
| Bal. | $4,000 + | $1,500 + | $500 + | $5,000 | = | | $4,200 | + | $6,800 |
| Aug. 4 | | | | | | | | | |
| 7 | | | | | | | | | |
| 8 | | | | | | | | | |
| 12 | | | | | | | | | |
| 15 | | | | | | | | | |
| 20 | | | | | | | | | |
| 26 | | | | | | | | | |
| 29 | | | | | | | | | |

(b)

JULIE SZO, BARRISTER & SOLICITOR
Income Statement
For the Month Ended August 31, 2003

JULIE SZO, BARRISTER & SOLICITOR
Statement of Owner's Equity
For the Month Ended August 31, 2003

(b) (Continued)

JULIE SZO, BARRISTER & SOLICITOR
Balance Sheet
August 31, 2003

(a)

JEANNIE LETOURNEAU, LAWYER

| Trans-actions | Assets | | | | | = | Liabilities | | + | Owner's Equity |
|---|---|---|---|---|---|---|---|---|---|---|
| | Cash + | Damage Deposit + | Office Supplies + | Computer Equipment + | Office Furniture | = | Notes Payable + | Accounts Payable | + | Jeannie LeTourneau, Capital |

(b)

JENNIE LETOURNEAU, LAWYER
Balance Sheet
March 31, 2003

Name Problem 1-7A
Section
Date Jatou Trading Company

(a)

NATURAL COSMETICS CO.
Income Statement
For the Month Ended June 30, 2003

NATURAL COSMETICS CO.
Statement of Owner's Equity
For the Month Ended June 30, 2003

(a) (Continued)

NATURAL COSMETICS CO.
Balance Sheet
June 30, 2003

(b)

| (a) | Baker Lake Company | Come By Chance Company | Georgian Bay Company | Edmonton Company |
|---|---|---|---|---|
| January 1, 2002: | | | | |
| Assets | 75000 | 90000 | (g) | 150000 |
| Liabilities | 50000 | (d) | 75000 | (j) |
| Owner's Equity | (a) | 60000 | 45000 | 90000 |
| December 31, 2002: | | | | |
| Assets | (b) | 120000 | 180000 | (k) |
| Liabilities | 55000 | 62000 | (h) | 80000 |
| Owner's Equity | 45000 | (e) | 110000 | 140000 |
| OE Changes: | | | | |
| Investment | (c) | 8000 | 10000 | 15000 |
| Drawings | 10000 | (f) | 12000 | 10000 |
| Total revenues | 350000 | 400000 | (i) | 500000 |
| Total expenses | 335000 | 385000 | 360000 | (l) |

(b)

BAKER LAKE COMPANY
Statement of Owner's Equity
For the Year Ended December 31, 2002

(c)

LOONIE BIN COIN SHOP
Balance Sheet
April 30, 2003

Supporting Calculations:

(a)

MULTI-MEDIA CONSULTING CO.
Income Statement
For the Month Ended March 31, 2003

(b)

MULTI-MEDIA CONSULTING CO.
Statement of Owner's Equity
For the Month Ended March 31, 2003

Name Exercise 2-1

Section

Date Poitras Company

| Trans-actions | Account | (a) Normal Balance | (b) Decreased By | (c) Financial Statement |
| --- | --- | --- | --- | --- |
| 1. | Accounts Payable | | | |
| 2. | Accounts Receivable | | | |
| 3. | Cash | | | |
| 4. | H. Poitras Drawings | | | |
| 5. | Interest Revenue | | | |
| 6. | Office Equipment | | | |
| 7. | Prepaid Insurance | | | |
| 8. | Rent Expense | | | |

Name
Section
Date

Exercises 2-2

L. Visser, Interior Decorator

| Transactions | Account Debited | | | | Account Credited | | | |
|---|---|---|---|---|---|---|---|---|
| | (a) Basic Type | (b) Specific Account | (c) Effect | (d) Normal Balance | (a) Basic Type | (b) Specific Account | (c) Effect | (d) Normal Balance |
| March 3 | Asset | Cash | Increase | Debit | Owner's Equity | L. Visser, Capital | Increase | Credit |
| 6 | | | | | | | | |
| 7 | | | | | | | | |
| 12 | | | | | | | | |
| 21 | | | | | | | | |
| 25 | | | | | | | | |
| 28 | | | | | | | | |
| 31 | | | | | | | | |

Name Exercise 2-3

Section

Date Marx Real Estate Agency

Name Exercise 2-4

Section

Date L. Visser, Interior Decorator

General Journal

| Date | Account Titles and Explanation | Ref. | Debit | Credit |
|---|---|---|---|---|
| | | | | |

Name | Exercise 2-5
Section
Date | Gardiner Real Estate Agency

General Journal

| Date | Account Titles and Explanation | Ref. | Debit | Credit |
|---|---|---|---|---|

| Name | Exercise 2-6 |
|---|---|
| Section | |
| Date | Basler Company |

General Journal

| Date | Account Titles and Explanation | Ref. | Debit | Credit |
|---|---|---|---|---|
| | | | | |

(b)

Cash No. 101

| Date | Explanation | Ref. | Debit | Credit | Balance |
|---|---|---|---|---|---|
| | | | | | |
| | | | | | |
| | | | | | |
| | | | | | |
| | | | | | |

Equipment No. 157

| Date | Explanation | Ref. | Debit | Credit | Balance |
|---|---|---|---|---|---|
| | | | | | |
| | | | | | |

Accounts Payable No. 201

| Date | Explanation | Ref. | Debit | Credit | Balance |
|---|---|---|---|---|---|
| | | | | | |
| | | | | | |
| | | | | | |

Shirley Basler, Capital No. 301

| Date | Explanation | Ref. | Debit | Credit | Balance |
|---|---|---|---|---|---|
| | | | | | |
| | | | | | |

Shirley Basler, Drawings No. 306

| Date | Explanation | Ref. | Debit | Credit | Balance |
|---|---|---|---|---|---|
| | | | | | |
| | | | | | |

Name | Exercise 2-7
Section
Date | Fortin Co.

(a)

General Journal

| Date | Account Titles and Explanation | Ref. | Debit | Credit |
| --- | --- | --- | --- | --- |
| | | | | |

(a) (Continued)

General Journal

| Date | Account Titles and Explanation | Ref. | Debit | Credit |
|---|---|---|---|---|
| | | | | |
| | | | | |
| | | | | |
| | | | | |
| | | | | |
| | | | | |
| | | | | |
| | | | | |
| | | | | |
| | | | | |
| | | | | |
| | | | | |
| | | | | |
| | | | | |
| | | | | |
| | | | | |
| | | | | |
| | | | | |
| | | | | |
| | | | | |
| | | | | |

(b)

FORTIN CO.
Trial Balance
October 31, 2003

| | Debit | Credit |
|---|---|---|
| | | |
| | | |
| | | |
| | | |
| | | |
| | | |
| | | |
| | | |
| | | |
| | | |
| | | |
| | | |
| | | |
| | | |
| | | |

(a)

Cash

Notes Payable

Accounts Receivable

L. Meche, Capital

Office Equipment

Service Revenue

(b)

L. MECHE, INVESTMENT BROKER
Trial Balance
August 31, 2003

| | Debit | Credit |
|---|---|---|
| | | |
| | | |
| | | |
| | | |
| | | |
| | | |
| | | |
| | | |
| | | |
| | | |

Name
Section
Date



E 2-9

| Error | (a) In Balance? | (b) Difference | (c) Larger Column |
|---|---|---|---|
| 1. | No | $400 | Debit |
| 2. | | | |
| 3. | | | |
| 4. | | | |
| 5. | | | |
| 6. | | | |

E 2-10

EXPRESS DELIVERY SERVICE
Trial Balance
July 31, 2003

| | Debit | Credit |
|---|---|---|
| | | |

YEE COMPANY

| Accounts | (1) Type of Account | (2) Financial Statement | (3) Normal Balance | (4) Increase | (5) Decrease |
|---|---|---|---|---|---|
| 1. Cash | Asset | Balance sheet | Debit | Debit | Credit |
| 2. Accounts Receivable | | | | | |
| 3. Drawings | | | | | |
| 4. Interest Expense | | | | | |
| 5. Land | | | | | |
| 6. Office Supplies | | | | | |
| 7. Salary Expense | | | | | |
| 8. Service Revenue | | | | | |

Name

Section

Date

Problem 2-2A

Bucket Club Minature Golf and Driving Range

General Journal J1

| Date | Account Titles and Explanation | Ref. | Debit | Credit |
| --- | --- | --- | --- | --- |
| | | | | |

General Journal J2

| Date | Account Titles and Explanation | Ref. | Debit | Credit |
| --- | --- | --- | --- | --- |
| | | | | |

| Name | Problem 2-3A |
|---|---|
| Section | |
| Date | Maria Rojas, Architect |

(a)

General Journal J1

| Date | Account Titles and Explanation | Ref. | Debit | Credit |
|---|---|---|---|---|
| | | | | |

(b)

Cash J1 No. 101

| Date | Explanation | Ref. | Debit | Credit | Balance |
|---|---|---|---|---|---|
| | | | | | |
| | | | | | |
| | | | | | |
| | | | | | |
| | | | | | |
| | | | | | |
| | | | | | |
| | | | | | |

Accounts Receivable No. 112

| Date | Explanation | Ref. | Debit | Credit | Balance |
|---|---|---|---|---|---|
| | | | | | |
| | | | | | |
| | | | | | |

Supplies No. 126

| Date | Explanation | Ref. | Debit | Credit | Balance |
|---|---|---|---|---|---|
| | | | | | |
| | | | | | |
| | | | | | |

Accounts Payable No. 201

| Date | Explanation | Ref. | Debit | Credit | Balance |
|---|---|---|---|---|---|
| | | | | | |
| | | | | | |
| | | | | | |
| | | | | | |

Unearned Revenue No. 209

| Date | Explanation | Ref. | Debit | Credit | Balance |
|---|---|---|---|---|---|
| | | | | | |
| | | | | | |
| | | | | | |

Maria Rojas, Capital No. 301

| Date | Explanation | Ref. | Debit | Credit | Balance |
|---|---|---|---|---|---|
| | | | | | |
| | | | | | |
| | | | | | |

(b) (Continued)

Service Revenue

No. 400

| Date | Explanation | Ref. | Debit | Credit | Balance |
| --- | --- | --- | --- | --- | --- |
| | | | | | |
| | | | | | |

Salaries Expense

No. 726

| Date | Explanation | Ref. | Debit | Credit | Balance |
| --- | --- | --- | --- | --- | --- |
| | | | | | |
| | | | | | |
| | | | | | |

Rent Expense

No. 729

| Date | Explanation | Ref. | Debit | Credit | Balance |
| --- | --- | --- | --- | --- | --- |
| | | | | | |
| | | | | | |
| | | | | | |

(c)

MARIA ROJAS, ARCHITECT
Trial Balance
April 30, 2003

| | Debit | Credit |
| --- | --- | --- |
| | | |
| | | |
| | | |
| | | |
| | | |
| | | |
| | | |
| | | |
| | | |
| | | |
| | | |
| | | |
| | | |
| | | |

Name

Section

Date

Problem 2-4A

Speedy Laundry

(a) Part (a) starts on the following page

(b) General Journal J1

| Date | Account Titles and Explanation | Ref. | Debit | Credit |
|---|---|---|---|---|
| | | | | |

(a) and (c)

**Cash** No. 101

| Date | Explanation | Ref. | Debit | Credit | Balance |
|---|---|---|---|---|---|
| Oct 1 | Balance | ✔ | | | 7500 |
| | | | | | |
| | | | | | |
| | | | | | |
| | | | | | |
| | | | | | |
| | | | | | |

**Accounts Receivable** No. 112

| Date | Explanation | Ref. | Debit | Credit | Balance |
|---|---|---|---|---|---|
| Oct 1 | Balance | ✔ | | | 2200 |
| | | | | | |
| | | | | | |
| | | | | | |

**Supplies** No. 126

| Date | Explanation | Ref. | Debit | Credit | Balance |
|---|---|---|---|---|---|
| Oct 1 | Balance | ✔ | | | 1700 |
| | | | | | |
| | | | | | |

**Equipment** No. 157

| Date | Explanation | Ref. | Debit | Credit | Balance |
|---|---|---|---|---|---|
| Oct 1 | Balance | ✔ | | | 8000 |
| | | | | | |

**Accounts Payable** No. 201

| Date | Explanation | Ref. | Debit | Credit | Balance |
|---|---|---|---|---|---|
| Oct 1 | Balance | ✔ | | | 4000 |
| | | | | | |
| | | | | | |
| | | | | | |

**Unearned Revenue** No. 209

| Date | Explanation | Ref. | Debit | Credit | Balance |
|---|---|---|---|---|---|
| Oct 1 | Balance | ✔ | | | 700 |
| | | | | | |
| | | | | | |

(a) and (c) (Continued)

Jane Kent, Capital No. 301

| Date | Explanation | Ref. | Debit | Credit | Balance |
|---|---|---|---|---|---|
| Oct 1 | Balance | ✔ | | | 14700 |
| | | | | | |

Jane Kent, Drawings No. 306

| Date | Explanation | Ref. | Debit | Credit | Balance |
|---|---|---|---|---|---|
| | | | | | |
| | | | | | |

Laundry Revenue No. 426

| Date | Explanation | Ref. | Debit | Credit | Balance |
|---|---|---|---|---|---|
| | | | | | |
| | | | | | |
| | | | | | |
| | | | | | |

Salaries Expense No. 726

| Date | Explanation | Ref. | Debit | Credit | Balance |
|---|---|---|---|---|---|
| | | | | | |
| | | | | | |

Utilities Expense No. 732

| Date | Explanation | Ref. | Debit | Credit | Balance |
|---|---|---|---|---|---|
| | | | | | |
| | | | | | |

(c)

SPEEDY LAUNDRY
Trial Balance
October 31, 2003

| | Debit | Credit |
|---|---|---|
| Cash | | |
| Accounts Receivable | | |
| Supplies | | |
| Equipment | | |
| Accounts Payable | | |
| Unearned Revenue | | |
| Jane Kent, Capital | | |
| Jane Kent, Drawings | | |
| Laundry Revenue | | |
| Salaries Expense | | |
| Utilities Expense | | |
| | | |

Name | Problem 2-5A
Section
Date | Starlite Theatre

(a) Part (a) starts on the following page

(b) General Journal J1

| Date | Account Titles and Explanation | Ref. | Debit | Credit |
|---|---|---|---|---|
| | | | | |

(a) and (c)

Cash — No. 101

| Date | Explanation | Ref. | Debit | Credit | Balance |
|---|---|---|---|---|---|
| Mar 1 | Balance | ✔ | | | 16000 |
| | | | | | |
| | | | | | |
| | | | | | |
| | | | | | |
| | | | | | |
| | | | | | |
| | | | | | |
| | | | | | |
| | | | | | |
| | | | | | |

Accounts Receivable — No. 112

| Date | Explanation | Ref. | Debit | Credit | Balance |
|---|---|---|---|---|---|
| | | | | | |
| | | | | | |

Land — No. 140

| Date | Explanation | Ref. | Debit | Credit | Balance |
|---|---|---|---|---|---|
| Mar 1 | Balance | ✔ | | | 42000 |
| | | | | | |

Buildings — No. 145

| Date | Explanation | Ref. | Debit | Credit | Balance |
|---|---|---|---|---|---|
| Mar 1 | Balance | ✔ | | | 18000 |
| | | | | | |

Equipment — No. 157

| Date | Explanation | Ref. | Debit | Credit | Balance |
|---|---|---|---|---|---|
| Mar 1 | Balance | ✔ | | | 16000 |
| | | | | | |

Accounts Payable — No. 201

| Date | Explanation | Ref. | Debit | Credit | Balance |
|---|---|---|---|---|---|
| Mar 1 | Balance | ✔ | | | 12000 |
| | | | | | |
| | | | | | |
| | | | | | |

(a) and (c) (Continued)

L. Baroni, Capital — No. 301

| Date | Explanation | Ref. | Debit | Credit | Balance |
|---|---|---|---|---|---|
| Mar 1 | Balance | ✔ | | | 80000 |
| | | | | | |

Admission Revenue — No. 405

| Date | Explanation | Ref. | Debit | Credit | Balance |
|---|---|---|---|---|---|
| | | | | | |
| | | | | | |
| | | | | | |
| | | | | | |

Concession Revenue — No. 406

| Date | Explanation | Ref. | Debit | Credit | Balance |
|---|---|---|---|---|---|
| | | | | | |
| | | | | | |

Advertising Expense — No. 610

| Date | Explanation | Ref. | Debit | Credit | Balance |
|---|---|---|---|---|---|
| | | | | | |
| | | | | | |
| | | | | | |

Film Rental Expense — No. 632

| Date | Explanation | Ref. | Debit | Credit | Balance |
|---|---|---|---|---|---|
| | | | | | |
| | | | | | |
| | | | | | |

Salaries Expense — No. 726

| Date | Explanation | Ref. | Debit | Credit | Balance |
|---|---|---|---|---|---|
| | | | | | |
| | | | | | |
| | | | | | |

STARLITE THEATRE
Trial Balance
March 31, 2003

| | Debit | Credit |
|---|---|---|
| Cash | | |
| Accounts Receivable | | |
| Land | | |
| Buildings | | |
| Equipment | | |
| Accounts Payable | | |
| L. Baroni, Capital | | |
| Admission Revenue | | |
| Concession Revenue | | |
| Advertising Expense | | |
| Film Rental Expense | | |
| Salaries Expense | | |
| | | |
| | | |

General Journal J1

(a)

| Date | Account Titles and Explanation | Ref. | Debit | Credit |
|---|---|---|---|---|
| | | | | |

(a) (Continued)

General Journal J2

| Date | Account Titles and Explanation | Ref. | Debit | Credit |
|---|---|---|---|---|

(b)

Cash

Accounts Receivable

Office Supplies

Prepaid Insurance

Prepaid Rent

Furniture and Equipment

Accounts Payable

J. Bablad, Capital

Brokerage Fees Earned

Salaries Expense

Rent Expense

Utilities Expense

Insurance Expense

(c)

BABLAD BROKERAGE SERVICES
Trial Balance
May 31, 2003

| | Debit | Credit |
|---|---|---|
| Cash | | |
| Accounts Receivable | | |
| Office Supplies | | |
| Prepaid Insurance | | |
| Prepaid Rent | | |
| Furniture and Equipment | | |
| Accounts Payable | | |
| J. Bablad, Capital | | |
| Brokerage Fees Earned | | |
| Salaries Expense | | |
| Rent Expense | | |
| Utilities Expense | | |
| Insurance Expense | | |

(d)

BABLAD BROKERAGE SERVICES
Income Statement
For The Month Ended May 31, 2003

BABLAD BROKERAGE SERVICES
Statement of Owner's Equity
For The Month Ended May 31, 2003

(d) (Continued)

BABLAD BROKERAGE SERVICES
Balance Sheet
May 31, 2003

(a) Explanation:

(b) and (d) T Accounts:

**Cash**

| Debit | Credit |
|---|---|
| 10,000 | |

**L. Mataruka, Capital**

| Debit | Credit |
|---|---|
| | 43,000 |

**Accounts Receivable**

| Debit | Credit |
|---|---|
| 15,000 | |

**Repair Parts Inventory**

| Debit | Credit |
|---|---|
| 13,000 | |

**Prepaid Rent**

| Debit | Credit |
|---|---|
| 3,000 | |

**Shop Equipment**

| Debit | Credit |
|---|---|
| 21,000 | |

**Accounts Payable**

| Debit | Credit |
|---|---|
| | 19,000 |

(c) General Journal J1

| Date | Account Titles and Explanation | Ref. | Debit | Credit |
|---|---|---|---|---|
| | | | | |

(e)

CYBERDYNE REPAIR SERVICE
Trial Balance
January 31, 2003

| | Debit | Credit |
|---|---|---|
| Cash | | |
| Accounts Receivable | | |
| Repair Parts Inventory | | |
| Prepaid Rent | | |
| Shop Equipment | | |
| Accounts Payable | | |
| L. Mataruka, Capital | | |

(f)

(g)

(a)

CYBERDYNE REPAIR SERVICE
Income Statement
For The Month Ended January 31, 2003

(b)

CYBERDYNE REPAIR SERVICE
Statement of Owner's Equity
For The Month Ended January 31, 2003

(c)

CYBERDYNE REPAIR SERVICES
Balance Sheet
January 31, 2003

(a)

KIA TAGGAR ENTERPRISES
Trial Balance
June 30, 2003

| | Debit | Credit |
|---|---|---|
| | | |

(b)

KIA TAGGAR ENTERPRISES
Income Statement
For the Year Ended June 30, 2003

| | | |
|---|---|---|
| | | |

(b) (Continued)

KIA TAGGAR ENTERPRISES
Statement of Owner's Equity
For the Year Ended June 30, 2003

KIA TAGGAR ENTERPRISES
Balance Sheet
June 30, 2003

Name | Problem 2-10A
Section
Date | Coho Company

(a)

(b)

MEHTA AUTOMOTIVE SERVICES
Trial Balance
December 31, 2002

| | Debit | Credit |
|---|---|---|
| | | |

Name

Section

Date

Problem 2-12A

Winau Co.

WINAU CO.
Trial Balance
June 30, 2003

| | Debit | Credit |
|---|---|---|
| | | |

Calculations:

Name　　　　　　　　　　　　　　　　　　　　　　　　　　　　　　　　　　Exercise 3-1

Section

Date

Name Exercise 3-2

Section

Date Brisson Company

(a)

(b)

Name
Section
Date

Exercise 3-3

Hallal Company

General Journal

(a) and (b)

| Date | Account Titles and Explanation | Ref. | Debit | Credit |
|---|---|---|---|---|
| | | | | |

(c)

(d)

Name Exercise 3-4
Section
Date Nie Company

General Journal

| Date | Account Titles and Explanation | Ref. | Debit | Credit |
|---|---|---|---|---|
| | | | | |

Name Exercise 3-5

Section

Date Thietke Company

Name
Section
Date

Exercise 3-6

McLean Company

| | (a) Type of Adjustment | (b) Accounts before Adjustment |
|---|---|---|
| 1. | | |
| 2. | | |
| 3. | | |
| 4. | | |
| 5. | | |
| 6. | | |
| 7. | | |

Name
Section
Date

Exercise 3-7

Bourque Rental Agency

## General Journal

| Date | Account Titles and Explanation | Ref. | Debit | Credit |
|---|---|---|---|---|
| | | | | |

Name Exercise 3-8
Section
Date Kay Ong, D.D.S.

General Journal

| Date | Account Titles and Explanation | Ref. | Debit | Credit |
|---|---|---|---|---|

| Name | Exercise 3-9 |
| --- | --- |
| Section | |
| Date | Pioneer Advertising Agency |

## General Journal

| Date | Account Titles and Explanation | Ref. | Debit | Credit |
| --- | --- | --- | --- | --- |
| | | | | |

Name
Section
Date

Exercise 3-10

Lim Company

General Journal

| Date | Account Titles and Explanation | Ref. | Debit | Credit |
|---|---|---|---|---|
| | | | | |

Name

Section

Date

Exercise 3-11

Virmani Co.

General Journal

(a)

| Date | Account Titles and Explanation | Ref. | Debit | Credit |
| --- | --- | --- | --- | --- |
| | | | | |

(b)

VIRMANI COMPANY
Income Statement
For the Month Ended July 31, 2003

| | | |
| --- | --- | --- |
| | | |

LIM COMPANY
Income Statement
For the Year Ended August 31, 2003

LIM COMPANY
Statement of Owner's Equity
For the Year Ended August 31, 2003

LIM COMPANY
Balance Sheet
August 31, 2003

Name *Exercise 3-13

Section

Date Deveraux Company

General Journal

| Date | Account Titles and Explanation | Ref. | Debit | Credit |
|---|---|---|---|---|
| | | | | |
| | | | | |
| | | | | |
| | | | | |
| | | | | |
| | | | | |
| | | | | |
| | | | | |
| | | | | |
| | | | | |
| | | | | |
| | | | | |
| | | | | |
| | | | | |
| | | | | |
| | | | | |
| | | | | |
| | | | | |
| | | | | |
| | | | | |
| | | | | |
| | | | | |
| | | | | |
| | | | | |
| | | | | |
| | | | | |
| | | | | |
| | | | | |
| | | | | |

Cash

Prepaid Insurance

Insurance Expense

Supplies

Supplies Expense

Unearned Service Revenue

Service Revenue

Name Section Date

Problem 3-1A

(a) Record interest on note payable.

(b) Record interest on note receivable.

(c) Allocate cost of capital asset over its useful life.

(d) Record revenue that has been earned but not billed or collected.

(e) Record revenue that has been earned that was previously received in advance.

(f) Record hiring of employees.

(g) Record salaries owed.

(h) Record supplies used.

Name Problem 3-2A

Section

Date Ouellette Corporation

## General Journal

| Date | Account Titles and Explanation | Ref. | Debit | Credit |
|---|---|---|---|---|

Name Problem 3-3A

Section

Date

Name | Problem 3-4A
Section
Date | Breakers Billiards Club

(a) General Journal

| Date | Account Titles and Explanation | Ref. | Debit | Credit |
|---|---|---|---|---|
| | | | | |

(b)

Name Problem 3-5A
Section
Date Theatre Brunswick

General Journal

| Date | Account Titles and Explanation | Ref. | Debit | Credit |
|---|---|---|---|---|

Name | | Problem 3-6A
Section
Date | | Greenberg Company

Calculations

General Journal

| Date | Account Titles and Explanation | Ref. | Debit | Credit |
|---|---|---|---|---|
| | | | | |
| | | | | |
| | | | | |
| | | | | |
| | | | | |
| | | | | |
| | | | | |
| | | | | |
| | | | | |
| | | | | |
| | | | | |
| | | | | |
| | | | | |
| | | | | |
| | | | | |

Name Problem 3-7A

Section

Date Exotic Designs

EXOTIC DESIGNS

Income Statement

For the Year Ended December 31, 2003

EXOTIC DESIGNS
Balance Sheet
December 31, 2003

| Adjusting Entry | Balance Sheet | | | Income Statement | | |
|---|---|---|---|---|---|---|
| | Assets = | Liabilities + | Owner's Equity | Revenues – | Expenses = | Net Income |
| 1. | $500 O | NA | $500 O | NA | $500 U | $500 O |
| | | | | | | |
| 2. | | | | | | |
| | | | | | | |
| 3. | | | | | | |
| | | | | | | |
| 4. | | | | | | |
| | | | | | | |
| 5. | | | | | | |
| | | | | | | |
| 6. | | | | | | |

Name Problem 3-9A
Section
Date Atlantic Tours

(a)

General Journal

| Date | Account Titles and Explanation | Ref. | Debit | Credit |
|---|---|---|---|---|
| | | | | |

(b)

Cash

| Date | Explanation | Ref. | Debit | Credit | Balance |
| --- | --- | --- | --- | --- | --- |
| June 30 | Balance | ✔ | | | 3000 |
| | | | | | |

Accounts Receivable

| Date | Explanation | Ref. | Debit | Credit | Balance |
| --- | --- | --- | --- | --- | --- |
| | | | | | |
| | | | | | |
| | | | | | |

Prepaid Insurance

| Date | Explanation | Ref. | Debit | Credit | Balance |
| --- | --- | --- | --- | --- | --- |
| June 30 | Balance | ✔ | | | 7200 |
| | | | | | |
| | | | | | |

Office Equipment

| Date | Explanation | Ref. | Debit | Credit | Balance |
| --- | --- | --- | --- | --- | --- |
| June 30 | Balance | ✔ | | | 1800 |
| | | | | | |

Accumulated Amortization – Office Equipment

| Date | Explanation | Ref. | Debit | Credit | Balance |
| --- | --- | --- | --- | --- | --- |
| | | | | | |
| | | | | | |
| | | | | | |

Buses

| Date | Explanation | Ref. | Debit | Credit | Balance |
| --- | --- | --- | --- | --- | --- |
| June 30 | Balance | ✔ | | | 140000 |
| | | | | | |

Accumulated Amortization – Buses

| Date | Explanation | Ref. | Debit | Credit | Balance |
| --- | --- | --- | --- | --- | --- |
| | | | | | |
| | | | | | |
| | | | | | |

(b) (Continued)

Notes Payable

| Date | Explanation | Ref. | Debit | Credit | Balance |
|---|---|---|---|---|---|
| June 30 | Balance | ✔ | | | 62000 |
| | | | | | |

Accounts Payable

| Date | Explanation | Ref. | Debit | Credit | Balance |
|---|---|---|---|---|---|
| | | | | | |
| | | | | | |
| | | | | | |

Interest Payable

| Date | Explanation | Ref. | Debit | Credit | Balance |
|---|---|---|---|---|---|
| | | | | | |
| | | | | | |

Salaries Payable

| Date | Explanation | Ref. | Debit | Credit | Balance |
|---|---|---|---|---|---|
| | | | | | |
| | | | | | |

Unearned Fees

| Date | Explanation | Ref. | Debit | Credit | Balance |
|---|---|---|---|---|---|
| June 30 | Balance | ✔ | | | 15000 |
| | | | | | |
| | | | | | |

Eldon Kaplan, Capital

| Date | Explanation | Ref. | Debit | Credit | Balance |
|---|---|---|---|---|---|
| June 30 | Balance | ✔ | | | 70000 |
| | | | | | |

Fees Earned

| Date | Explanation | Ref. | Debit | Credit | Balance |
|---|---|---|---|---|---|
| June 30 | Balance | ✔ | | | 15900 |
| | | | | | |
| | | | | | |
| | | | | | |

(b) (Continued)

| Date | Explanation | Ref. | Debit | Credit | Balance |
|---|---|---|---|---|---|
| June 30 | Balance | ✔ | | | |
| | | | | | |
| | | | | | |

Advertising Expense

| Date | Explanation | Ref. | Debit | Credit | Balance |
|---|---|---|---|---|---|
| June 30 | Balance | ✔ | | | 800 |
| | | | | | |
| | | | | | |

Gas and Oil Expense

| Date | Explanation | Ref. | Debit | Credit | Balance |
|---|---|---|---|---|---|
| June 30 | Balance | ✔ | | | 1100 |
| | | | | | |

Insurance Expense

| Date | Explanation | Ref. | Debit | Credit | Balance |
|---|---|---|---|---|---|
| | | | | | |
| | | | | | |

Amortization Expense – Office Equipment

| Date | Explanation | Ref. | Debit | Credit | Balance |
|---|---|---|---|---|---|
| | | | | | |
| | | | | | |

Amortization Expense – Buses

| Date | Explanation | Ref. | Debit | Credit | Balance |
|---|---|---|---|---|---|
| | | | | | |
| | | | | | |

Interest Expense

| Date | Explanation | Ref. | Debit | Credit | Balance |
|---|---|---|---|---|---|
| | | | | | |
| | | | | | |

(c)

## ATLANTIC TOURS
### Adjusted Trial Balance
### June 30, 2003

| | Debit | Credit |
|---|---|---|
| | | |

(a)

General Journal

| Date | Account Titles and Explanation | Ref. | Debit | Credit |
| --- | --- | --- | --- | --- |

(b)

Cash

| Date | Explanation | Ref. | Debit | Credit | Balance |
|---|---|---|---|---|---|
| Aug. 31 | Balance | ✔ | | | 19600 |
| | | | | | |

Accounts Receivable

| Date | Explanation | Ref. | Debit | Credit | Balance |
|---|---|---|---|---|---|
| | | | | | |
| | | | | | |

Prepaid Insurance

| Date | Explanation | Ref. | Debit | Credit | Balance |
|---|---|---|---|---|---|
| Aug. 31 | Balance | ✔ | | | 5400 |
| | | | | | |
| | | | | | |

Supplies

| Date | Explanation | Ref. | Debit | Credit | Balance |
|---|---|---|---|---|---|
| Aug. 31 | Balance | ✔ | | | 3300 |
| | | | | | |
| | | | | | |

Land

| Date | Explanation | Ref. | Debit | Credit | Balance |
|---|---|---|---|---|---|
| Aug. 31 | Balance | ✔ | | | 25000 |
| | | | | | |
| | | | | | |

Cottages

| Date | Explanation | Ref. | Debit | Credit | Balance |
|---|---|---|---|---|---|
| Aug. 31 | Balance | ✔ | | | 125000 |
| | | | | | |

Accumulated Amortization – Cottages

| Date | Explanation | Ref. | Debit | Credit | Balance |
|---|---|---|---|---|---|
| | | | | | |
| | | | | | |

(b) (Continued)

Furniture

| Date | Explanation | Ref. | Debit | Credit | Balance |
| --- | --- | --- | --- | --- | --- |
| Aug. 31 | Balance | ✔ | | | 26000 |
| | | | | | |

Accumulated Amortization – Furniture

| Date | Explanation | Ref. | Debit | Credit | Balance |
| --- | --- | --- | --- | --- | --- |
| | | | | | |
| | | | | | |

Accounts Payable

| Date | Explanation | Ref. | Debit | Credit | Balance |
| --- | --- | --- | --- | --- | --- |
| Aug. 31 | Balance | ✔ | | | 6500 |
| | | | | | |
| | | | | | |

Unearned Rent Revenue

| Date | Explanation | Ref. | Debit | Credit | Balance |
| --- | --- | --- | --- | --- | --- |
| Aug. 31 | Balance | ✔ | | | 6800 |
| | | | | | |
| | | | | | |

Salaries Payable

| Date | Explanation | Ref. | Debit | Credit | Balance |
| --- | --- | --- | --- | --- | --- |
| | | | | | |
| | | | | | |
| | | | | | |

Interest Payable

| Date | Explanation | Ref. | Debit | Credit | Balance |
| --- | --- | --- | --- | --- | --- |
| | | | | | |
| | | | | | |

Mortgage Payable

| Date | Explanation | Ref. | Debit | Credit | Balance |
| --- | --- | --- | --- | --- | --- |
| Aug. 31 | Balance | ✔ | | | 80000 |
| | | | | | |

(b) (Continued)

Keath Yhap, Capital

| Date | Explanation | Ref. | Debit | Credit | Balance |
|---|---|---|---|---|---|
| Aug. 31 | Balance | ✔ | | | 100000 |
| | | | | | |

Keath Yhap, Drawings

| Date | Explanation | Ref. | Debit | Credit | Balance |
|---|---|---|---|---|---|
| Aug. 31 | Balance | ✔ | | | 5000 |
| | | | | | |

Rent Revenue

| Date | Explanation | Ref. | Debit | Credit | Balance |
|---|---|---|---|---|---|
| Aug. 31 | Balance | ✔ | | | 80000 |
| | | | | | |
| | | | | | |
| | | | | | |

Salaries Expense

| Date | Explanation | Ref. | Debit | Credit | Balance |
|---|---|---|---|---|---|
| Aug. 31 | Balance | ✔ | | | 51000 |
| | | | | | |
| | | | | | |

Utilities Expense

| Date | Explanation | Ref. | Debit | Credit | Balance |
|---|---|---|---|---|---|
| Aug. 31 | Balance | ✔ | | | 9400 |
| | | | | | |

Repair Expense

| Date | Explanation | Ref. | Debit | Credit | Balance |
|---|---|---|---|---|---|
| Aug. 31 | Balance | ✔ | | | 3600 |
| | | | | | |

Insurance Expense

| Date | Explanation | Ref. | Debit | Credit | Balance |
|---|---|---|---|---|---|
| | | | | | |
| | | | | | |

(b) (Continued)

Supplies Expense

| Date | Explanation | Ref. | Debit | Credit | Balance |
| --- | --- | --- | --- | --- | --- |
| | | | | | |
| | | | | | |

Amortization Expense – Cottages

| Date | Explanation | Ref. | Debit | Credit | Balance |
| --- | --- | --- | --- | --- | --- |
| | | | | | |
| | | | | | |

Amortization Expense – Furniture

| Date | Explanation | Ref. | Debit | Credit | Balance |
| --- | --- | --- | --- | --- | --- |
| | | | | | |
| | | | | | |

Interest Expense

| Date | Explanation | Ref. | Debit | Credit | Balance |
| --- | --- | --- | --- | --- | --- |
| | | | | | |
| | | | | | |

(c)

HIGHLAND COVE RESORT
Adjusted Trial Balance
August 31, 2003

| | Debit | Credit |
|---|---|---|
| | | |

(d)

## HIGHLAND COVE RESORT
Income Statement
For the Three Months Ended August 31, 2003

## HIGHLAND COVE RESORT
Statement of Owner's Equity
For the Three Months Ended August 31, 2003

(d) (Continued)

HIGHLAND COVE RESORT
Balance Sheet
August 31, 2003

(a)

General Journal

| Date | Account Titles and Explanation | Ref. | Debit | Credit |
| --- | --- | --- | --- | --- |
| | | | | |

(b)

YOUNT ADVERTISING AGENCY
Income Statement
For the Year Ended December 31, 2002

YOUNT ADVERTISING AGENCY
Statement of Owner's Equity
For the Year Ended December 31, 2002

(b) (Continued)

YOUNT ADVERTISING AGENCY
Balance Sheet
December 31, 2002

(c)

(d)

Name *Problem 3-12A

Section

Date Ouellette Corporation

General Journal

| Date | Account Titles and Explanation | Ref. | Debit | Credit |
| --- | --- | --- | --- | --- |

Name *Problem 3-13A
Section
Date Global Graphics Company

(a)

General Journal

| Date | Account Titles and Explanation | Ref. | Debit | Credit |
|---|---|---|---|---|
| | | | | |

(b)

**GLOBAL GRAPHICS COMPANY**
**Adjusted Trial Balance**
**June 30, 2003**

| | Debit | Credit |
|---|---|---|
| | | |

(c)

GLOBAL GRAPHICS COMPANY
Income Statement
For the Six Months Ended June 30, 2003

GLOBAL GRAPHICS COMPANY
Statement of Owner's Equity
For the Six Months Ended June 30, 2003

GLOBAL GRAPHICS COMPANY
Balance Sheet
June 30, 2003

Name Exercise 4-1
Section
Date Eden Beauty Salon

General Journal

| Date | Account Titles and Explanation | Ref. | Debit | Credit |
|---|---|---|---|---|
| (a) | | | | |

(b)

Name  Exercise 4-2
Section
Date  Rafael Company

(a)

## General Journal

J15

| Date | Account Titles and Explanation | Ref. | Debit | Credit |
|---|---|---|---|---|
| | | | | |
| | | | | |
| | | | | |
| | | | | |
| | | | | |
| | | | | |
| | | | | |
| | | | | |
| | | | | |
| | | | | |
| | | | | |
| | | | | |
| | | | | |
| | | | | |
| | | | | |
| | | | | |
| | | | | |
| | | | | |
| | | | | |
| | | | | |
| | | | | |
| | | | | |

## Cash

No. 101

| Date | Explanation | Ref. | Debit | Credit | Balance |
|---|---|---|---|---|---|
| July 31 | Balance | ✔ | | | 14940 |
| | | | | | |
| | | | | | |
| | | | | | |

## Accounts Receivable

No. 112

| Date | Explanation | Ref. | Debit | Credit | Balance |
|---|---|---|---|---|---|
| July 31 | Balance | ✔ | | | 8780 |
| | | | | | |
| | | | | | |
| | | | | | |

## Equipment

No. 157

| Date | Explanation | Ref. | Debit | Credit | Balance |
|---|---|---|---|---|---|
| July 31 | Balance | ✔ | | | 15900 |
| | | | | | |
| | | | | | |
| | | | | | |

(a) (Continued)

Accumulated Amortization No. 167

| Date | Explanation | Ref. | Debit | Credit | Balance |
|---|---|---|---|---|---|
| July 31 | Balance | ✔ | | | 5400 |
| | | | | | |
| | | | | | |

Accounts Payable No. 201

| Date | Explanation | Ref. | Debit | Credit | Balance |
|---|---|---|---|---|---|
| July 31 | Balance | ✔ | | | 6220 |
| | | | | | |
| | | | | | |

Unearned Rent Revenue No. 208

| Date | Explanation | Ref. | Debit | Credit | Balance |
|---|---|---|---|---|---|
| July 31 | Balance | ✔ | | | 1800 |
| | | | | | |
| | | | | | |

R. Rafael, Capital No. 301

| Date | Explanation | Ref. | Debit | Credit | Balance |
|---|---|---|---|---|---|
| July 31 | Balance | ✔ | | | 45200 |
| | | | | | |
| | | | | | |
| | | | | | |
| | | | | | |

R. Rafael, Drawings No. 306

| Date | Explanation | Ref. | Debit | Credit | Balance |
|---|---|---|---|---|---|
| July 31 | Balance | ✔ | | | 14000 |
| | | | | | |
| | | | | | |
| | | | | | |

Commission Revenue No. 404

| Date | Explanation | Ref. | Debit | Credit | Balance |
|---|---|---|---|---|---|
| July 31 | Balance | ✔ | | | 63100 |
| | | | | | |
| | | | | | |
| | | | | | |

(a) (Continued)

Rent Revenue No. 429

| Date | Explanation | Ref. | Debit | Credit | Balance |
|---|---|---|---|---|---|
| July 31 | Balance | ✔ | | | 6500 |
| | | | | | |
| | | | | | |
| | | | | | |

Amortization Expense No. 711

| Date | Explanation | Ref. | Debit | Credit | Balance |
|---|---|---|---|---|---|
| July 31 | Balance | ✔ | | | 4000 |
| | | | | | |
| | | | | | |
| | | | | | |

Salaries Expense No. 720

| Date | Explanation | Ref. | Debit | Credit | Balance |
|---|---|---|---|---|---|
| July 31 | Balance | ✔ | | | 55700 |
| | | | | | |
| | | | | | |
| | | | | | |

Rent Expense No. 729

| Date | Explanation | Ref. | Debit | Credit | Balance |
|---|---|---|---|---|---|
| July 31 | Balance | ✔ | | | 14900 |
| | | | | | |
| | | | | | |
| | | | | | |

(b)

RAFAEL COMPANY
Post-Closing Trial Balance
July 31, 2003

| | Debit | Credit |
|---|---|---|
| | | |
| | | |
| | | |
| | | |
| | | |
| | | |
| | | |
| | | |
| | | |
| | | |

Name Exercise 4-3
Section
Date Kwok Yuen Ho Company

(a)

General Journal

| Date | General Journal | Ref. | Debit | Credit |
| --- | --- | --- | --- | --- |
| | | | | |
| | | | | |
| | | | | |
| | | | | |
| | | | | |
| | | | | |
| | | | | |
| | | | | |
| | | | | |
| | | | | |
| | | | | |
| | | | | |
| | | | | |
| | | | | |

(b)

Cash

| Date | Explanation | Ref. | Debit | Credit | Balance |
| --- | --- | --- | --- | --- | --- |
| April 30 | Balance | ✔ | | | 15052 |
| | | | | | |

Accounts Receivable

| | Explanation | Ref. | Debit | Credit | Balance |
| --- | --- | --- | --- | --- | --- |
| April 30 | Balance | ✔ | | | 7840 |
| | | | | | |

Prepaid Rent

| | Explanation | Ref. | Debit | Credit | Balance |
| --- | --- | --- | --- | --- | --- |
| April 30 | Balance | ✔ | | | 2280 |
| | | | | | |

Equipment

| | Explanation | Ref. | Debit | Credit | Balance |
| --- | --- | --- | --- | --- | --- |
| April 30 | Balance | ✔ | | | 23050 |
| | | | | | |

Accumulated Amortization

| | Explanation | Ref. | Debit | Credit | Balance |
| --- | --- | --- | --- | --- | --- |
| April 30 | Balance | ✔ | | | 4921 |
| | | | | | |

(b) (Continued)

Notes Payable

| Date | Explanation | Ref. | Debit | Credit | Balance |
|---|---|---|---|---|---|
| April 30 | Balance | ✔ | | | 5700 |
| | | | | | |

Accounts Payable

| Date | Explanation | Ref. | Debit | Credit | Balance |
|---|---|---|---|---|---|
| April 30 | Balance | ✔ | | | 5972 |
| | | | | | |

Interest Payable

| Date | Explanation | Ref. | Debit | Credit | Balance |
|---|---|---|---|---|---|
| April 30 | Balance | ✔ | | | 57 |
| | | | | | |

Ho, Capital

| Date | Explanation | Ref. | Debit | Credit | Balance |
|---|---|---|---|---|---|
| April 30 | Balance | ✔ | | | 33960 |
| | | | | | |
| | | | | | |
| | | | | | |

Ho, Drawings

| Date | Explanation | Ref. | Debit | Credit | Balance |
|---|---|---|---|---|---|
| April 30 | Balance | ✔ | | | 3650 |
| | | | | | |
| | | | | | |

Service Revenue

| Date | Explanation | Ref. | Debit | Credit | Balance |
|---|---|---|---|---|---|
| April 30 | Balance | ✔ | | | 12590 |
| | | | | | |
| | | | | | |

(b) (Continued)

Service Revenue

| Date | Explanation | Ref. | Debit | Credit | Balance |
|---|---|---|---|---|---|
| April 30 | Balance | ✔ | | | 12590 |
| | | | | | |
| | | | | | |

Salaries Expense

| Date | Explanation | Ref. | Debit | Credit | Balance |
|---|---|---|---|---|---|
| April 30 | Balance | ✔ | | | 9840 |
| | | | | | |
| | | | | | |

Rent Expense

| Date | Explanation | Ref. | Debit | Credit | Balance |
|---|---|---|---|---|---|
| April 30 | Balance | ✔ | | | 760 |
| | | | | | |
| | | | | | |

Amortization Expense

| Date | Explanation | Ref. | Debit | Credit | Balance |
|---|---|---|---|---|---|
| April 30 | Balance | ✔ | | | 671 |
| | | | | | |
| | | | | | |

Interest Expense

| Date | Explanation | Ref. | Debit | Credit | Balance |
|---|---|---|---|---|---|
| April 30 | Balance | ✔ | | | 57 |
| | | | | | |
| | | | | | |

E 4-3 (c)

KWOK YUEN HO COMPANY
Post-Closing Trial Balance
April 30, 2003

| | Debit | Credit |
|---|---|---|
| | | |

E 4-4

| Date | Account Titles and Explanation | Ref. | Debit | Credit |
|---|---|---|---|---|
| | | | | |

(a)

RAFAEL COMPANY
Income Statement
For the Year Ended July 31, 2003

RAFAEL COMPANY
Statement of Owner's Equity
For the Year Ended July 31, 2003

(b)

RAFAEL COMPANY
Balance Sheet
July 31, 2003

KWOK YUEN HO COMPANY
Income Statement
For the Month Ended April 30, 2003

| | | |
|---|---|---|
| | | |
| | | |
| | | |
| | | |
| | | |
| | | |
| | | |
| | | |
| | | |

KWOK YUEN HO COMPANY
Statement of Owner's Equity
For the Month Ended April 30, 2003

| | | |
|---|---|---|
| | | |
| | | |
| | | |
| | | |
| | | |
| | | |

KWOK YUEN HO COMPANY
Balance Sheet
April 30, 2003

| | | |
|---|---|---|
| | | |
| | | |
| | | |
| | | |
| | | |
| | | |
| | | |
| | | |
| | | |
| | | |
| | | |
| | | |
| | | |
| | | |
| | | |
| | | |
| | | |
| | | |
| | | |

(a)

SUMMIT'S BOWL-A-DROME
Balance Sheet
December 31, 2002

(b)

Name
Section
Date

*Exercise 4-9

Kwok Yuen Ho Company

**KWOK YUEN HO COMPANY**
(Partial) Work Sheet
For the Month Ended April 30, 2003

| Account Titles | Adjusted Trial Balance | | Income Statement | | Balance Sheet | |
|---|---|---|---|---|---|---|
| | Dr. | Cr. | Dr. | Cr. | Dr. | Cr. |
| Cash | 15052 | | | | | |
| Accounts Receivable | 7840 | | | | | |
| Prepaid Rent | 2280 | | | | | |
| Equipment | 23050 | | | | | |
| Accumulated Amortization | | 4921 | | | | |
| Notes Payable | | 5700 | | | | |
| Accounts Payable | | 5972 | | | | |
| Ho, Capital | | 33960 | | | | |
| Ho, Drawings | 3650 | | | | | |
| Service Revenue | | 12590 | | | | |
| Salaries Expense | 9840 | | | | | |
| Rent Expense | 760 | | | | | |
| Amortization Expense | 671 | | | | | |
| Interest Expense | 57 | | | | | |
| Interest Payable | | 57 | | | | |
| | 63200 | 63200 | | | | |
| | | | | | | |
| | | | | | | |
| | | | | | | |
| | | | | | | |

| | Trial Balance | | Adjusted Trial Balance | |
|---|---|---|---|---|
| | Dr. | Cr. | Dr. | Cr. |
| (a) | | | | |
| Accounts Receivable | (1) | | 34,000 | |
| Prepaid Insurance | 26,000 | | 18,000 | |
| Supplies | 9,000 | | (3) | |
| Accumulated Amortization | | 12,000 | | (5) |
| Salaries Payable | | | | 7,000 |
| Service Revenue | | 88,000 | | 94,000 |
| Insurance Expense | | | (4) | |
| Amortization Expense | | | 10,000 | |
| Supplies Expense | | | 4,000 | |
| Salaries Expense | (2) | | 49,000 | |

(b) General Journal

| Date | Account Titles and Explanation | Ref. | Debit | Credit |
|---|---|---|---|---|
| | | | | |

(a), (b), and (c)

General Journal

| Date | Account Titles and Explanation | Ref. | Debit | Credit |
|---|---|---|---|---|
| | | | | |

(a), (b) and (d)

Cash

| Date | Explanation | Ref. | Debit | Credit | Balance |
|---|---|---|---|---|---|
| | | | | | |

Accounts Receivable

| Date | Explanation | Ref. | Debit | Credit | Balance |
|---|---|---|---|---|---|
| Dec. 31 | Balance | ✔ | | | 0 |

(a), (b) & (d) (Continued)

Interest Payable

| Date | Explanation | Ref. | Debit | Credit | Balance |
|---|---|---|---|---|---|
| Dec. 31 | Balance | ✔ | | | 0 |
| | | | | | |
| | | | | | |

Masterson, Capital

| Date | Explanation | Ref. | Debit | Credit | Balance |
|---|---|---|---|---|---|
| Dec. 31 | Balance | ✔ | | | 48000 |
| | | | | | |
| | | | | | |
| | | | | | |

Commission Revenue

| Date | Explanation | Ref. | Debit | Credit | Balance |
|---|---|---|---|---|---|
| Dec. 31 | Balance | ✔ | | | 92000 |
| | | | | | |
| | | | | | |
| | | | | | |
| | | | | | |
| | | | | | |

Interest Expense

| Date | Explanation | Ref. | Debit | Credit | Balance |
|---|---|---|---|---|---|
| Dec. 31 | Balance | ✔ | | | 7800 |
| | | | | | |
| | | | | | |
| | | | | | |
| | | | | | |
| | | | | | |

(a)

GUNTER COMPANY
Income Statement
For the Year Ended December 31, 2002

GUNTER COMPANY
Balance Sheet
December 31, 2002

(a) (Continued)

GUNTER COMPANY
Statement of Owner's Equity
For the Year Ended December 31, 2002

| | | |
|---|---|---|
| | | |
| | | |
| | | |
| | | |
| | | |
| | | |
| | | |
| | | |
| | | |
| | | |

(b)

General Journal

| Date | Account Titles | Ref. | Debit | Credit |
|---|---|---|---|---|
| | | | | |
| | | | | |
| | | | | |
| | | | | |
| | | | | |
| | | | | |
| | | | | |
| | | | | |
| | | | | |
| | | | | |
| | | | | |
| | | | | |
| | | | | |
| | | | | |
| | | | | |
| | | | | |
| | | | | |
| | | | | |
| | | | | |
| | | | | |
| | | | | |
| | | | | |
| | | | | |
| | | | | |
| | | | | |

(c)

**Cash** No. 101

| Date | Explanation | Ref. | Debit | Credit | Balance |
|---|---|---|---|---|---|
| Dec. 31 | Balance | ✔ | | | 6600 |
| | | | | | |

**Accounts Receivable** No. 112

| Date | Explanation | Ref. | Debit | Credit | Balance |
|---|---|---|---|---|---|
| Dec. 31 | Balance | ✔ | | | 13500 |
| | | | | | |

**Prepaid Rent** No. 131

| Date | Explanation | Ref. | Debit | Credit | Balance |
|---|---|---|---|---|---|
| Dec. 31 | Balance | ✔ | | | 3500 |
| | | | | | |

**Equipment** No. 157

| Date | Explanation | Ref. | Debit | Credit | Balance |
|---|---|---|---|---|---|
| Dec. 31 | Balance | ✔ | | | 26000 |
| | | | | | |

**Accumulated Amortization** No. 158

| Date | Explanation | Ref. | Debit | Credit | Balance |
|---|---|---|---|---|---|
| Dec. 31 | Balance | ✔ | | | 5600 |
| | | | | | |

**Accounts Payable** No. 201

| Date | Explanation | Ref. | Debit | Credit | Balance |
|---|---|---|---|---|---|
| Dec. 31 | Balance | ✔ | | | 13300 |
| | | | | | |

**Salaries Payable** No. 212

| Date | Explanation | Ref. | Debit | Credit | Balance |
|---|---|---|---|---|---|
| Dec. 31 | Balance | ✔ | | | 3000 |
| | | | | | |

(c) (Continued)

N. Gunter, Capital — No. 301

| Date | Explanation | Ref. | Debit | Credit | Balance |
|---|---|---|---|---|---|
| Dec. 31 | Balance | ✔ | | | 34000 |
| | | | | | |
| | | | | | |
| | | | | | |

N. Gunter, Drawings — No. 306

| Date | Explanation | Ref. | Debit | Credit | Balance |
|---|---|---|---|---|---|
| Dec. 31 | Balance | ✔ | | | 12000 |
| | | | | | |

Service Revenue — No. 400

| Date | Explanation | Ref. | Debit | Credit | Balance |
|---|---|---|---|---|---|
| Dec. 31 | Balance | ✔ | | | 59000 |
| | | | | | |

Repair Expense — No. 622

| Date | Explanation | Ref. | Debit | Credit | Balance |
|---|---|---|---|---|---|
| Dec. 31 | Balance | ✔ | | | 1800 |
| | | | | | |

Amortization Expense — No. 711

| Date | Explanation | Ref. | Debit | Credit | Balance |
|---|---|---|---|---|---|
| Dec. 31 | Balance | ✔ | | | 2600 |
| | | | | | |

Salaries Expense — No. 726

| Date | Explanation | Ref. | Debit | Credit | Balance |
|---|---|---|---|---|---|
| Dec. 31 | Balance | ✔ | | | 35000 |
| | | | | | |

Rent Expense — No. 729

| Date | Explanation | Ref. | Debit | Credit | Balance |
|---|---|---|---|---|---|
| Dec. 31 | Balance | ✔ | | | 12200 |
| | | | | | |

(c) (Continued)

Utilities Expense No. 732

| Date | Explanation | Ref. | Debit | Credit | Balance |
|---|---|---|---|---|---|
| Dec. 31 | Balance | ✔ | | | 1700 |
| | | | | | |
| | | | | | |

(d)

GUNTER COMPANY
Post-Closing Trial Balance
December 31, 2002

| | | |
|---|---|---|
| | | |

Name

Section

Date

Problem 4-2A

Campus Cycle Shop

(a)

General Journal

| Date | Account Titles and Explanation | Ref. | Debit | Credit |
|---|---|---|---|---|
| | | | | |

(b)

Name Problem 4-3A

Section

Date

General Journal J1

| Date | Account Titles and Explanation | Ref. | Debit | Credit |
|---|---|---|---|---|
| | | | | |

(a)

CORMIER COMPANY
Income Statement
For the Year Ended December 31, 2002

CORMIER COMPANY
Statement of Owner's Equity
For the Year Ended December 31, 2002

(a) (Continued)

CORMIER COMPANY
Balance Sheet
December 31, 2002

(b)

General Journal J14

| Date | Account Titles and Explanation | Ref. | Debit | Credit |
|---|---|---|---|---|
| | | | | |

(c)

Cash No. 101

| Date | Explanation | Ref. | Debit | Credit | Balance |
|---|---|---|---|---|---|
| Dec. 31 | Balance | ✔ | | | 1600 |
| | | | | | |

Accounts Receivable No. 112

| Date | Explanation | Ref. | Debit | Credit | Balance |
|---|---|---|---|---|---|
| Dec. 31 | Balance | ✔ | | | 15400 |
| | | | | | |

(c) (Continued)

Supplies No. 126

| Date | Explanation | Ref. | Debit | Credit | Balance |
|---|---|---|---|---|---|
| Dec. 31 | Balance | ✔ | | | 1500 |
| | | | | | |

Prepaid Insurance No. 130

| Date | Explanation | Ref. | Debit | Credit | Balance |
|---|---|---|---|---|---|
| Dec. 31 | Balance | ✔ | | | 2800 |
| | | | | | |

Office Equipment No. 151

| Date | Explanation | Ref. | Debit | Credit | Balance |
|---|---|---|---|---|---|
| Dec. 31 | Balance | ✔ | | | 34000 |
| | | | | | |

Accumulated Amortization–Office Equipment No. 152

| Date | Explanation | Ref. | Debit | Credit | Balance |
|---|---|---|---|---|---|
| Dec. 31 | Balance | ✔ | | | 8000 |
| | | | | | |

Notes Payable No. 200

| Date | Explanation | Ref. | Debit | Credit | Balance |
|---|---|---|---|---|---|
| Dec. 31 | Balance | ✔ | | | 16000 |
| | | | | | |

Accounts Payable No. 201

| Date | Explanation | Ref. | Debit | Credit | Balance |
|---|---|---|---|---|---|
| Dec. 31 | Balance | ✔ | | | 6000 |
| | | | | | |

Salaries Payable No. 212

| Date | Explanation | Ref. | Debit | Credit | Balance |
|---|---|---|---|---|---|
| Dec. 31 | Balance | ✔ | | | 3000 |
| | | | | | |

(c) (Continued)

Interest Payable — No. 230

| Date | Explanation | Ref. | Debit | Credit | Balance |
|---|---|---|---|---|---|
| Dec. 31 | Balance | ✔ | | | 500 |
| | | | | | |

P. Cormier, Capital — No. 301

| Date | Explanation | Ref. | Debit | Credit | Balance |
|---|---|---|---|---|---|
| Dec. 31 | Balance | ✔ | | | 25000 |
| | | | | | |
| | | | | | |
| | | | | | |

P. Cormier, Drawings — No. 306

| Date | Explanation | Ref. | Debit | Credit | Balance |
|---|---|---|---|---|---|
| Dec. 31 | Balance | ✔ | | | 1000 |
| | | | | | |

(c) (Continued)

### Service Revenue

No. 400

| Date | Explanation | Ref. | Debit | Credit | Balance |
|---|---|---|---|---|---|
| Dec. 31 | Balance | ✔ | | | 88000 |
| | | | | | |
| | | | | | |

### Supplies Expense

No. 631

| Date | Explanation | Ref. | Debit | Credit | Balance |
|---|---|---|---|---|---|
| Dec. 31 | Balance | ✔ | | | 5700 |
| | | | | | |
| | | | | | |

### Amortization Expense

No. 711

| Date | Explanation | Ref. | Debit | Credit | Balance |
|---|---|---|---|---|---|
| Dec. 31 | Balance | ✔ | | | 4000 |
| | | | | | |
| | | | | | |

### Insurance Expense

No. 722

| Date | Explanation | Ref. | Debit | Credit | Balance |
|---|---|---|---|---|---|
| Dec. 31 | Balance | ✔ | | | 5000 |
| | | | | | |
| | | | | | |

### Salaries Expense

No. 726

| Date | Explanation | Ref. | Debit | Credit | Balance |
|---|---|---|---|---|---|
| Dec. 31 | Balance | ✔ | | | 40000 |
| | | | | | |
| | | | | | |

### Rent Expense

No. 729

| Date | Explanation | Ref. | Debit | Credit | Balance |
|---|---|---|---|---|---|
| Dec. 31 | Balance | ✔ | | | 14000 |
| | | | | | |
| | | | | | |

### Interest Expense

No. 905

| Date | Explanation | Ref. | Debit | Credit | Balance |
|---|---|---|---|---|---|
| Dec. 31 | Balance | ✔ | | | 500 |
| | | | | | |
| | | | | | |

(d)

CORMIER COMPANY
Post-Closing Trial Balance
December 31, 2002

| | Debit | Credit |
|---|---|---|
| | | |

Name Problem 4-5A

Section

Date Campus TV Repair

(a)

General Journal

| Date | Account Titles and Explanation | Ref. | Debit | Credit |
|---|---|---|---|---|
| | | | | |

(b)

CAMPUS TV REPAIR
Trial Balance
April 30, 2003

| | Debit | Credit |
|---|---|---|
| | | |

Name | Problem 4-6A

Section

Date | XYZ Company

(a)

| Item | Expenses | Revenue | Assets | Liabilities |
| --- | --- | --- | --- | --- |
| 1. | | | | |
| 2. | | | | |
| 3. | | | | |
| 4. | | | | |
| 5. | | | | |
| 6. | | | | |
| 7. | | | | |
| 8. | | | | |

(b)

P 4-7A

Accounts payable and accrued liabilities
Accounts receivable
Bank indebtedness
Cash
Fixed assets
Inventories
Long-term debt
Long-term debt due within one year
Prepaid expenses and other assets
Short-term bank loans
Short-term investments
Taxes recoverable

P 4-8A

Name *Problem 4-9A
Section
Date Lavigne Roofing

(a)

LAVIGNE ROOFING
Work Sheet
For the Month Ended March 31, 2003

| Account Titles | Trial Balance Dr. | Trial Balance Cr. | Adjustments Dr. | Adjustments Cr. |
|---|---|---|---|---|
| Cash | 2500 | | | |
| Accounts Receivable | 1600 | | | |
| Roofing Supplies | 1100 | | | |
| Equipment | 6000 | | | |
| Accumulated Amortization | | 1200 | | |
| Accounts Payable | | 1100 | | |
| Unearned Revenue | | 300 | | |
| J. Lavigne, Capital | | 7000 | | |
| J. Lavigne, Drawings | 600 | | | |
| Service Revenue | | 3000 | | |
| Salaries Expense | 700 | | | |
| Miscellaneous Expense | 100 | | | |
| Totals | 12600 | 12600 | | |

| Adjusted Trial Balance | | Income Statement | | Balance Sheet | |
|---|---|---|---|---|---|
| Dr. | Cr. | Dr. | Cr. | Dr. | Cr. |
| | | | | | |

(b)

LAVIGNE ROOFING
Income Statement
For the Month Ended March 31, 2003

| | | |
|---|---|---|
| | | |
| | | |
| | | |
| | | |
| | | |
| | | |
| | | |
| | | |
| | | |
| | | |
| | | |
| | | |
| | | |
| | | |
| | | |

LAVIGNE ROOFING
Statement of Owner's Equity
For the Month Ended March 31, 2003

| | | |
|---|---|---|
| | | |
| | | |
| | | |
| | | |
| | | |
| | | |
| | | |
| | | |
| | | |
| | | |

(b) (Continued)

LAVIGNE ROOFING
Balance Sheet
March 31, 2003

(c) and (d)

General Journal

| Date | Account Titles and Explanation | Ref. | Debit | Credit |
|---|---|---|---|---|
| | | | | |

Name *Problem 4-10A
Section
Date Water World Park

(a)

# WATER WORLD PARK
## Work Sheet
## For the Year Ended September 30, 2003

| Account Titles | Trial Balance Dr. | Trial Balance Cr. | Adjustments Dr. | Adjustments Cr. |
|---|---|---|---|---|
| Cash | 41400 | | | |
| Supplies | 18600 | | | |
| Prepaid Insurance | 31900 | | | |
| Land | 80000 | | | |
| Building | 500000 | | | |
| Accumulated Amortization | | 125000 | | |
| Equipment | 120000 | | | |
| Accumulated Amortization | | 36200 | | |
| Accounts Payable | | 14600 | | |
| Unearned Admission Revenue | | 3700 | | |
| Mortgage Payable | | 350000 | | |
| M. Berge, Capital | | 159700 | | |
| M. Berge, Drawings | 14000 | | | |
| Admission Revenue | | 302500 | | |
| Salaries Expense | 105000 | | | |
| Repair Expense | 30500 | | | |
| Advertising Expense | 9400 | | | |
| Utilities Expense | 16900 | | | |
| Property Taxes Expense | 18000 | | | |
| Interest Expense | 6000 | | | |
| Totals | 991700 | 991700 | | |
| Insurance Expense | | | | |
| Supplies Expense | | | | |
| Interest Payable | | | | |
| Amortization Expense | | | | |
| Property Taxes Payable | | | | |
| Totals | | | | |

| Adjusted Trial Balance | | Income Statement | | Balance Sheet | |
|---|---|---|---|---|---|
| Dr. | Cr. | Dr. | Cr. | Dr. | Cr. |
| 41400 | | | | | |
| 1200 | | | | | |
| 3900 | | | | | |
| 80000 | | | | | |
| 500000 | | | | | |
| | 150000 | | | | |
| 120000 | | | | | |
| | 43000 | | | | |
| | 14600 | | | | |
| | 1700 | | | | |
| | 350000 | | | | |
| | 159700 | | | | |
| 14000 | | | | | |
| | 304500 | | | | |
| 105000 | | | | | |
| 30500 | | | | | |
| 9400 | | | | | |
| 16900 | | | | | |
| 21000 | | | | | |
| 12000 | | | | | |
| | | | | | |
| 28000 | | | | | |
| 17400 | | | | | |
| | 6000 | | | | |
| 31800 | | | | | |
| | 3000 | | | | |
| 1032500 | 1032500 | | | | |

(b)

WATER WORLD PARK
Balance Sheet
September 30, 2003

Name *Problem 4-10A Continued

Section

Date Water World Park

(c) and (d) General Journal

| Date | Account Titles and Explanation | Ref. | Debit | Credit |
|---|---|---|---|---|
| | | | | |

(e)

WATER WORLD PARK
Post-Closing Trial Balance
September 30, 2003

| | Debit | Credit |
| --- | --- | --- |
| | | |

Name
Section
Date

*Problem 4-11A

Steam Carpet Cleaners

## STEAM CARPET CLEANERS
### Work Sheet

| Account Titles | Trial Balance Dr. | Trial Balance Cr. | Adjustments Dr. | Adjustments Cr. | Adjusted Trial Balance Dr. | Adjusted Trial Balance Cr. | Income Statement Dr. | Income Statement Cr. | Balance Sheet Dr. | Balance Sheet Cr. |
|---|---|---|---|---|---|---|---|---|---|---|
| Cash | (a)____ | | | | 1,200 | | | | 1,200 | |
| Accounts Receivable | 4,400 | | (e)____ | | 5,000 | | | | 5,000 | |
| Cleaning Supplies | 1,200 | | | (i)____ | (m)____ | | | | 400 | |
| Prepaid Insurance | (b)____ | | | (j)____ | 1,650 | | | | 1,650 | |
| Equipment | 7,000 | | | | 7,000 | | | | 7,000 | |
| Accumulated Amortization | | 1,000 | | (k)____ | | 1,250 | | | | 1,250 |
| Accounts Payable | | 1,200 | | | | 1,200 | | | | (x)____ |
| H. Kohl, Capital | | 10,000 | | | | 10,000 | | | | 10,000 |
| H. Kohl, Drawings | (c)____ | | | | 900 | | | | 900 | |
| Service Revenue | | 6,000 | | (l)____ | | (q)____ | | (u)____ | | |
| Rent Expense | 200 | | | | 200 | | 200 | | | |
| Salaries Expense | (d)____ | | (f)____ | | (n)____ | | 2,000 | | | |
| Totals | 18,200 | 18,200 | | | | | | | | |
| Amortization Expense | | | (g)____ | | (o)____ | | (s)____ | | | |
| Insurance Expense | | | 150 | | 150 | | 150 | | | |
| Cleaning Supplies Expense | | | (h)____ | | (p)____ | | (t)____ | | | |
| Salaries Payable | | | ____ | 500 | ____ | (r)____ | ____ | | | 500 |
| Totals | | | 2,300 | 2,300 | 19,550 | 19,550 | 3,400 | (v)____ | 16,150 | (y)____ |
| Net Income | | | | | | | 3,200 | ____ | | (z)____ |
| Totals | | | | | | | 6,600 | (w)____ | 16,150 | 16,150 |

(a) 1. General Journal J1

| Date | Account Titles and Explanation | Ref. | Debit | Credit |
|---|---|---|---|---|
| | | | | |

(a) 2. General Ledger Accounts

| Interest Receivable | |
| --- | --- |
| 2,000 | |

| Prepaid Insurance | |
| --- | --- |
| 5,000 | |

| Wages Payable | |
| --- | --- |
| | 36,000 |

| Unearned Sales Revenue | |
| --- | --- |
| | 40,000 |

(b) 1. and 2. General Journal

| Date | Account Titles and Explanation | Ref. | Debit | Credit |
|---|---|---|---|---|
| | | | | |

(b) 3. General Ledger Accounts

| Interest Receivable | |
|---|---|
| 2,000 | |

| Prepaid Insurance | |
|---|---|
| 5,000 | |

| Wages Payable | |
|---|---|
| | 36,000 |

| Unearned Sales Revenue | |
|---|---|
| | 40,000 |

Name

Section

Date

General Journal

| Date | Account Titles and Explanation | Ref. | Debit | Credit |
|---|---|---|---|---|
| | | | | |

Name Exercise 5-3
Section
Date Campus Bookstore

General Journal

| Date | Account Titles and Explanation | Ref. | Debit | Credit |
| --- | --- | --- | --- | --- |
| | | | | |

Name | Exercise 5-4

Section

Date | Collegiate Office Sypply

## General Journal

| Date | Account Titles and Explanation | Ref. | Debit | Credit |
|---|---|---|---|---|
| Sept. 2 | Merchandise Inventory | | 1350 – | |
| | Bank | | | 1350 – |
| | | | | |
| 5 | | | 60 – | |
| | | | | 60 – |

Name
Section
Date



General Journal

| Date 20– | Account Titles and Explanations | Ref. | Debit | Credit |
|---|---|---|---|---|
| Jun. 10 | Merchandise Inventory | | 5000 – | |
| | A/P – Duvall Company | | | 5000 – |
| 11 | Merchandise Inventory | | 300 – | |
| | Bank | | | 300 – |
| 12 | A/P – Duvall Company | | 500 – | |
| | Merchandise Inventory | | | 500 – |
| Jul. 7 | A/P – Duvall | | 4500 – | |
| | Bank | | | 4500 – |
| 15 | Bank | | 8500 – | |
| | Sales | | | 8500 – |
| 15 | Cost of Goods Sold | | 4800 – | |
| | Merchandise Inventory | | | 4800 – |

(a)

CECILIE COMPANY
Income Statement (Partial)
For the Year Ended October 31, 2003

(b)

General Journal

| Date | Account Titles and Explanation | Ref. | Debit | Credit |
| --- | --- | --- | --- | --- |
| | | | | |

(a) Sales Returns

(b) Net Income

(c) Sales

(d) Cost of Goods Sold

(e) Operating Expenses

(f) Net Sales

(g) Cost of Goods Sold

(h) Net Income

Name Exercise 5-9

Section

Date Chevalier Company

(a)

**CHEVALIER COMPANY**
**Income Statement**
**For the Year Ended December 31, 2002**

| | | | |
|---|---|---|---|
| Sales revenue | | | |
| Net Sales | | 2359000 – | |
| Cost of Goods Sold | | 989000 – | |
| Gross Profit | | | 1370000 – |
| Operating Expenses | | | |
| Selling Expenses | | | 690000 – |
| Administrative Expenses | | | 435000 – |
| Income from operations | | | |
| Other Revenues and gains | | | |
| Interest revenue | | 45000 – | |
| Other expenses and losses | | | |
| Interest expense | 70000 – | | |
| Loss on sales of equipment | 10000 – | | |
| Total non-operating expenses and losses | | 80000 – | |
| Net non-operating expenses | | | 35000 – |
| Net income | | | 210000 – |
| | | | |
| | | | |
| | | | |
| | | | |

(b)

**CHEVALIER COMPANY**
**Income Statement**
**For the Year Ended December 31, 2002**

| | | |
|---|---|---|
| Revenues | | |
| Net Sales | | 2359000 – |
| Interest revenue | | 45000 – |
| Total Revenue | | 2404000 – |
| | | |
| Expenses | | |
| Cost of Goods Sold | 989000 – | |
| Selling Expenses | 690000 – | |
| Interest Expense | 70000 – | |
| Administration Expenses | 435000 – | |
| Loss on Sales of Equipment | 10000 – | |
| Total Expenses | | 2194000 – |
| | | |
| Net income | | 210000 – |
| | | |
| | | |

Name

Section

Date

Exercise 5-10

Jetform Corporation

(a)

JETFORM CORPORATION
Income Statement
For the Year Ended April 30, 2000

(b)

JETFORM CORPORATION
Income Statement
For the Year Ended April 30, 2000

(b)

Name | Exercise 5-11
Section
Date | Future Shop Ltd.

Name *Exercise 5-12
Section
Date Collegiate Office Supply

General Journal

| Date | Account Titles and Explanations | Ref. | Debit | Credit |
|---|---|---|---|---|
| | | | | |

MILIA COMPANY
Partial Work Sheet
May 31, 2003

(a)

| Account Titles | Adjusted Trial Balance Dr. | Adjusted Trial Balance Cr. | Income Statement Dr. | Income Statement Cr. | Balance Sheet Dr. | Balance Sheet Cr. |
|---|---|---|---|---|---|---|
| Cash | 9000 | | | | | |
| Merchandise Inventory | 80000 | | | | | |
| Sales | | 450000 | | | | |
| Sales Returns | 10000 | | | | | |
| Cost of Goods Sold | 250000 | | | | | |
| Rent Expense | 42000 | | | | | |
| | | | | | | |
| | | | | | | |
| | | | | | | |
| | | | | | | |
| | | | | | | |
| | | | | | | |
| | | | | | | |
| | | | | | | |

(b)

Name | Problem 5-1A
Section
Date | Varsity Auto Sales

(a)

General Journal

| Date | Account Titles and Explanations | Ref. | Debit | Credit |
|---|---|---|---|---|
| Apr. 5 | Merchandise Inventory - Sedans | | 72000 - | |
| | Accounts Payable | | | 72000 - |
| 13 | Merchandise Inventory - Vans | | 56000 - | |
| | Accounts Payable | | | 56000 - |
| 17 | Accounts Receivable | | 114000 - | |
| | Sales | | | 114000 - |
| 17 | Cost of Goods Sold | | 96000 - | |
| | Merchandise Inventory - Sedans | | | 96000 - |
| 20 | Merchandise Inventory - Convertibles | | 52000 - | |
| | Accounts Payable | | | 52000 - |
| 22 | Accounts Payable | | 26000 - | |
| | Merchandise Inventory - Convertibles | | | 26000 - |
| 24 | Accounts Receivable | | 102000 - | |
| | Sales | | | 102000 - |
| 24 | Cost of Goods Sold | | 84000 - | |
| | Merchandise Inventory - Vans | | | 84000 - |
| 28 | Accounts Receivable | | 31000 - | |
| | Sales | | | 31000 - |
| 28 | Cost of Goods Sold | | 26000 - | |
| | Merchandise Inventory - Convertibles | | | 26000 - |

(b)

**Merchandise Inventory—Custom Sedans**

| | |
|---|---|
| 96000 | 96000 |
| 72000 | |
| 72000 | |

**Merchandise Inventory—Convertibles**

| | |
|---|---|
| 78000 | 26000 |
| 52000 | 26000 |
| 78000 | |

**Merchandise Inventory—Recreational Vans**

| | |
|---|---|
| 56000 | 84000 |
| 56000 | |
| 28000 | |

**Cost of Goods Sold**

| | |
|---|---|
| 96000 | |
| 84000 | |
| 26000 | |
| 206000 | |

Name Problem 5-2A

Section

Date Travel Warehouse

General Journal

| Date | Account Titles and Explanation | Ref. | Debit | Credit |
|---|---|---|---|---|
| | | | | |

Name Problem 5-3A

Section

Date Nisson Distributing Company

(a) General Journal J1

| Date | Account Titles and Explanation | Ref. | Debit | Credit |
|---|---|---|---|---|
| | | | | |

(a) (Continued)

General Journal J2

| Date | Account Titles and Explanation | Ref. | Debit | Credit |
| --- | --- | --- | --- | --- |
| | | | | |

(b)

Cash No. 101

| Date | Explanation | Ref. | Debit | Credit | Balance |
|---|---|---|---|---|---|
| April 1 | Balance | ✔ | | | 9000 |
| | | | | | |
| | | | | | |
| | | | | | |
| | | | | | |
| | | | | | |
| | | | | | |
| | | | | | |
| | | | | | |
| | | | | | |
| | | | | | |
| | | | | | |

Accounts Receivable No. 112

| Date | Explanation | Ref. | Debit | Credit | Balance |
|---|---|---|---|---|---|
| | | | | | |
| | | | | | |
| | | | | | |
| | | | | | |

Merchandise Inventory No. 120

| Date | Explanation | Ref. | Debit | Credit | Balance |
|---|---|---|---|---|---|
| | | | | | |
| | | | | | |
| | | | | | |
| | | | | | |
| | | | | | |
| | | | | | |
| | | | | | |
| | | | | | |
| | | | | | |
| | | | | | |
| | | | | | |
| | | | | | |

(b) Continued

Accounts Payable No. 201

| Date | Explanation | Ref. | Debit | Credit | Balance |
|---|---|---|---|---|---|
| | | | | | |
| | | | | | |
| | | | | | |
| | | | | | |

M. Nisson, Capital No. 301

| Date | Explanation | Ref. | Debit | Credit | Balance |
|---|---|---|---|---|---|
| April 1 | Balance | ✔ | | | 9000 |
| | | | | | |

Sales No. 401

| Date | Explanation | Ref. | Debit | Credit | Balance |
|---|---|---|---|---|---|
| | | | | | |
| | | | | | |
| | | | | | |
| | | | | | |

Sales Returns and Allowances No. 412

| Date | Explanation | Ref. | Debit | Credit | Balance |
|---|---|---|---|---|---|
| | | | | | |
| | | | | | |

Cost of Goods Sold No. 505

| Date | Explanation | Ref. | Debit | Credit | Balance |
|---|---|---|---|---|---|
| | | | | | |
| | | | | | |
| | | | | | |
| | | | | | |
| | | | | | |

Freight Out No. 644

| Date | Explanation | Ref. | Debit | Credit | Balance |
|---|---|---|---|---|---|
| | | | | | |
| | | | | | |

(c)

NISSON DISTRIBUTING COMPANY
(Partial) Income Statement
For the Month Ended April 30, 2003

(d)

NISSON DISTRIBUTING COMPANY
Balance Sheet (Partial)
April 30, 2003

(a)

**WORLD ENTERPRISES**
**Income Statement**
**For the Year Ended December 31, 2002**

| | | |
|---|---|---|
| Sales Revenue | | |
| Sales | | 238500 — |
| Less: Sales Returns and Allowances | | 4600 — |
| Net Sales | | 233900 — |
| Cost of Goods Sold | | 177000 — |
| Gross Profit | | 56900 — |
| Operating Expenses | | |
| Selling Expenses | | |
| Salaries Expense | 34600 — | |
| Administration Expense | | |
| Rent Expense | 6100 — | |
| Total operating expenses | | 40700 — |
| Income from operations | | 16200 — |
| Net Income | | 16200 — |

**WORLD ENTERPRISES**
**Statement of Owner's Equity**
**For the Year Ended December 31, 2002**

| | |
|---|---|
| R. Roger, Capital January 1, 2002 | 50300 — |
| Add: Net Income | 16200 — |
| R. Roger, Capital December 31, 2002 | 66500 — |

(a) (Continued)

WORLD ENTERPRISES
Balance Sheet
December 31, 2002

| | | |
|---|---|---|
| Assets | | |
| Current Assets | | |
| Cash | | 14000 – |
| Accounts Receivable | | 30600 – |
| Merchandise Inventory | | 27500 – |
| Prepaid Insurance | | 1800 – |
| Capital Assets | | |
| Store Equipment | 42000 – | |
| Less: Accumulated Amortization | 9000 – | 33000 – |
| Total Assets | | 106900 – |
| Liabilities | | |
| Current Liabilities | | |
| Accounts Payable | | 34400 – |
| Sales Tax Payable | | 3600 – |
| Rent Payable | | 500 – |
| Total Liabilities | | 37900 – |
| Owner's Equity | | |
| K. Kogor, Capital | | 66500 – |
| Total Liabilities and Owner's Equity | | 104400 – |

Name Problem 5-4A Concluded

Section

Date World Enterprises

(b) General Journal

| Date | Account Titles and Explanation | Ref. | Debit | Credit |
|---|---|---|---|---|
| | | | | |

(a)

DAIGLE DEPARTMENT STORE
Income Statement
For the Year Ended November 30, 2002

(a) (Continued)

DAIGLE DEPARTMENT STORE
Balance Sheet
November 30, 2002

(a) (Continued)

| DAIGLE DEPARTMENT STORE<br>Statement of Owner's Equity<br>For the Year Ended November 30, 2002 | |
|---|---|
| | |
| | |
| | |
| | |
| | |
| | |

(b) and (c)

General Journal

| Date | Account Titles and Explanation | Ref. | Debit | Credit |
|---|---|---|---|---|
| | | | | |
| | | | | |
| | | | | |
| | | | | |
| | | | | |
| | | | | |
| | | | | |
| | | | | |
| | | | | |
| | | | | |
| | | | | |
| | | | | |
| | | | | |
| | | | | |
| | | | | |
| | | | | |
| | | | | |
| | | | | |
| | | | | |
| | | | | |
| | | | | |
| | | | | |
| | | | | |
| | | | | |
| | | | | |
| | | | | |
| | | | | |
| | | | | |
| | | | | |
| | | | | |

(b) and (c) (Continued) General Journal

| Date | Account Titles and Explanation | Ref. | Debit | Credit |
| --- | --- | --- | --- | --- |

Name Problem 5-6A
Section
Date Swirsky Company

| Account | Financial Statement | Classification |
| --- | --- | --- |
| Accounts Payable | | |
| Accounts Receivable | | |
| Accumulated Amortization—Office Building | | |
| Accumulated Amortization—Store Equipment | | |
| Advertising Expense | | |
| Amortization Expense—Office Building | | |
| Amortization Expense—Store Equipment | | |
| Cash | | |
| Swirsky, Capital | | |
| Swirsky, Drawings | | |
| Freight Out | | |
| Income Tax Expense | | |
| Income Tax Payable | | |
| Insurance Expense | | |
| Interest Expense | | |
| Interest Payable | | |
| Land | | |
| Merchandise Inventory | | |
| Mortgage Payable | | |
| Office Building | | |
| Prepaid Insurance | | |
| Salaries Expense—Office Staff | | |
| Salaries Expense—Store Staff | | |
| Salaries Payable | | |
| Sales Returns and Allowances | | |
| Store Equipment | | |
| Utilities Expense—Office | | |
| Utilities Expense—Store | | |
| Wages Payable | | |

Name Problem 5-7A

Section

Date McGrath Company

(a)

MCGRATH COMPANY

Income Statement

For the Year Ended December 31, 2002

(b)

MCGRATH COMPANY
Income Statement
For the Year Ended December 31, 2002

Name | Problem 5-8A
Section
Date | IPSCO Inc.

2000
949263 − 764198 = 185065 gross profit
764198/219170 = 3.5 Inventory turnover
365/3.5 = 104.3 days sales in inventory

1999
808251 − 615827 = 192424 gross profit
192429/188469.5 = 1 inventory turnover
365/1 = 365 days sales in inventory

Name *Problem 5-9A

Section

Date Norlan Company

General Journal

| Date | Account Titles and Explanation | Ref. | Debit | Credit |
|---|---|---|---|---|
| | | | | |

Name *Problem 5-10A

Section

Date B.J.'s Tennis Shop

(a) General Journal J1

| Date | Account Titles and Explanation | Ref. | Debit | Credit |
|---|---|---|---|---|
| | | | | |
| | | | | |
| | | | | |
| | | | | |
| | | | | |
| | | | | |
| | | | | |
| | | | | |
| | | | | |
| | | | | |
| | | | | |
| | | | | |
| | | | | |
| | | | | |
| | | | | |
| | | | | |
| | | | | |
| | | | | |
| | | | | |
| | | | | |
| | | | | |
| | | | | |
| | | | | |
| | | | | |
| | | | | |
| | | | | |
| | | | | |
| | | | | |
| | | | | |
| | | | | |
| | | | | |
| | | | | |
| | | | | |
| | | | | |
| | | | | |
| | | | | |
| | | | | |
| | | | | |
| | | | | |
| | | | | |

(a) (Continued)

General Journal

J2

| Date | Account Titles and Explanation | Ref. | Debit | Credit |
|---|---|---|---|---|

(b)

Cash No. 101

| Date | Explanation | Ref. | Debit | Credit | Balance |
|---|---|---|---|---|---|
| Apr. 1 | Balance | ✔ | | | 2500 |
| | | | | | |
| | | | | | |
| | | | | | |
| | | | | | |
| | | | | | |
| | | | | | |
| | | | | | |
| | | | | | |
| | | | | | |

Accounts Receivable No. 112

| Date | Explanation | Ref. | Debit | Credit | Balance |
|---|---|---|---|---|---|
| | | | | | |
| | | | | | |
| | | | | | |
| | | | | | |
| | | | | | |
| | | | | | |
| | | | | | |

GST Recoverable No. 114

| Date | Explanation | Ref. | Debit | Credit | Balance |
|---|---|---|---|---|---|
| | | | | | |
| | | | | | |
| | | | | | |
| | | | | | |
| | | | | | |
| | | | | | |

(b) (Continued)

Merchandise Inventory No. 120

| Date | Explanation | Ref. | Debit | Credit | Balance |
|---|---|---|---|---|---|
| Apr. 1 | Balance | ✔ | | | 3500 |
| | | | | | |
| | | | | | |
| | | | | | |
| | | | | | |
| | | | | | |
| | | | | | |
| | | | | | |
| | | | | | |
| | | | | | |
| | | | | | |
| | | | | | |
| | | | | | |
| | | | | | |
| | | | | | |

Accounts Payable No. 201

| Date | Explanation | Ref. | Debit | Credit | Balance |
|---|---|---|---|---|---|
| | | | | | |
| | | | | | |
| | | | | | |
| | | | | | |
| | | | | | |

GST Payable No. 214

| Date | Explanation | Ref. | Debit | Credit | Balance |
|---|---|---|---|---|---|
| | | | | | |
| | | | | | |
| | | | | | |
| | | | | | |
| | | | | | |

PST Payable No. 215

| Date | Explanation | Ref. | Debit | Credit | Balance |
|---|---|---|---|---|---|
| | | | | | |
| | | | | | |
| | | | | | |
| | | | | | |
| | | | | | |

(b) (Continued)

B.J. Evert, Capital No. 301

| Date | Explanation | Ref. | Debit | Credit | Balance |
|---|---|---|---|---|---|
| Apr. 1 | Balance | ✔ | | | 6000 |
| | | | | | |

Sales No. 401

| Date | Explanation | Ref. | Debit | Credit | Balance |
|---|---|---|---|---|---|
| | | | | | |
| | | | | | |
| | | | | | |
| | | | | | |

Sales Returns and Allowances No. 412

| Date | Explanation | Ref. | Debit | Credit | Balance |
|---|---|---|---|---|---|
| | | | | | |
| | | | | | |

Cost of Goods Sold No. 505

| Date | Explanation | Ref. | Debit | Credit | Balance |
|---|---|---|---|---|---|
| | | | | | |
| | | | | | |
| | | | | | |
| | | | | | |
| | | | | | |

(c)

B.J.'S TENNIS SHOP
(Partial) Income Statement
For the Month Ended April 30, 2003

| | Debit | Credit |
|---|---|---|

(d)

B.J.'S TENNIS SHOP
(Partial) Income Statement
For the Month Ended April 30, 2003

Name *Problem 5-11A
Section
Date Metis Wholesale Company

(a)

METIS WHOLESALE COMPANY
Work Sheet
For the Year Ended December 31, 2002

| Account Titles | Trial Balance Dr. | Trial Balance Cr. | Adjustments Dr. | Adjustments Cr. |
|---|---|---|---|---|
| Cash | 33400 | | | |
| Accounts Receivable | 37600 | | | |
| Merchandise Inventory | 92400 | | | |
| Land | 92000 | | | |
| Buildings | 197000 | | | |
| Accumulated Amortization—Buildings | | 54000 | | |
| Equipment | 83500 | | | |
| Accumulated Amortization—Equipment | | 42400 | | |
| Notes Payable | | 50000 | | |
| Accounts Payable | | 37500 | | |
| G. Metis, Capital | | 267800 | | |
| G. Metis, Drawings | 10000 | | | |
| Sales | | 902100 | | |
| Cost of Goods Sold | 712100 | | | |
| Salaries Expense | 69800 | | | |
| Utilities Expense | 9400 | | | |
| Repair Expense | 5900 | | | |
| Gas and Oil Expense | 7200 | | | |
| Insurance Expense | 3500 | | | |
| Totals | 1 353800 | 1 353800 | | |

| Adjusted Trial Balance | | Income Statement | | Balance Sheet | |
|---|---|---|---|---|---|
| Dr. | Cr. | Dr. | Cr. | Dr. | Cr. |

(b)

METIS WHOLESALE COMPANY
Income Statement
For the Year Ended December 31, 2002

(b) (Continued)

METIS WHOLESALE COMPANY
Statement of Owner's Equity
For the Year Ended December 31, 2002

METIS WHOLESALE COMPANY
Balance Sheet
December 31, 2002

General Journal

(c) and (d)

| Date | Account Titles and Explanation | Ref. | Debit | Credit |
|---|---|---|---|---|
| | | | | |

(d) (Continued)

General Journal

| Date | Account Titles and Explanation | Ref. | Debit | Credit |
| --- | --- | --- | --- | --- |
| | | | | |
| | | | | |
| | | | | |
| | | | | |
| | | | | |
| | | | | |
| | | | | |
| | | | | |
| | | | | |
| | | | | |
| | | | | |
| | | | | |
| | | | | |
| | | | | |
| | | | | |

(e)

METIS WHOLESALE COMPANY
Post-Closing Trial Balance
December 31, 2002

| | Debit | Credit |
| --- | --- | --- |
| | | |
| | | |
| | | |
| | | |
| | | |
| | | |
| | | |
| | | |
| | | |
| | | |
| | | |
| | | |
| | | |
| | | |
| | | |
| | | |
| | | |

Name | Exercise 6-1
Section
Date | Novotna Company

Name Exercise 6-2
Section
Date Olaf and DeVito Companies

General Journal

| Date 20- | Account Titles and Explanation | Ref. | Debit | Credit |
|---|---|---|---|---|
| Apr. 5 | Purchases | | 18 000 — | |
| | Accounts Payable | | | 18 000 — |
| 6 | Freight In | | 900 — | |
| | Bank | | | 900 — |
| 7 | Purchases | | 26 000 — | |
| | Accounts Payable | | | 26 000 — |
| 8 | Accounts Payable | | 3 000 — | |
| | Purchase Returns and Allowances | | | 3 000 — |
| 30 | Accounts Payable | | 15 000 — | |
| | Bank | | | 15 000 — |
| Apr. 5 | Accounts Receivable | | 18 000 — | |
| | Sales | | | 18 000 — |
| ~~6~~ | ~~Bank~~ | | ~~900 —~~ | |
| | ~~Freight Out~~ | | | ~~900 —~~ |
| ~~7~~ | ~~Purchases~~ | | ~~26 000 —~~ | |
| | ~~Accounts Payable~~ | | | ~~26 000 —~~ |
| 8 | Sales Returns and Allowances | | 3 000 — | |
| | Accounts Receivable | | | 3 000 — |
| 30 | Bank | | 15 000 — | |
| | Accounts Receivable | | | 13 000 — |

E6-3

LEBLANC COMPANY
(Partial) Income Statement
For the Year Ended August 31, 2003

| | | |
|---|---|---|
| Inventory, September 1 | | 17,200 – |
| Purchases | 142,400 – | |
| Less: Purchase Returns and Allowances | 2,000 – | |
| Net Purchases | 140,400 – | |
| Add: Freight In | 4,000 – | 144,400 – |
| Cost of Goods Available for Sale | | 161,600 – |
| Inventory, August 31 | | 26,000 – |
| Cost of Goods Sold | | 135,600 – |

E6-4

| | Co. 1 | Co. 2 | Co. 3 | Co. 4 |
|---|---|---|---|---|
| Beginning inventory | 250 | 120 | 1,000 | (j) |
| Purchases | 1,500 | 1,080 | (g) | 44,590 |
| Purchase returns and allowances | 40 | (d) | 290 | (k) |
| Net purchases | (a) | 1,020 | 7,210 | 44,330 |
| Freight in | 110 | (e) | (h) | 2,240 |
| Cost of goods purchased | (b) | 1,230 | 7,940 | (l) |
| Cost of goods available for sale | 1,820 | 1,350 | (i) | 49,530 |
| Ending inventory | 310 | (f) | 1,450 | 6,230 |
| Cost of goods sold | (c) | 1,250 | 7,490 | 43,300 |

(a)

OKANAGAN COMPANY
Income Statement
For the Year Ended January 31, 2003

Name Exercise 6-5 Concluded
Section
Date Okanagan Company

(b) General Journal

| Date | Account Titles and Explanation | Ref. | Debit | Credit |
|---|---|---|---|---|
| | | | | |

Name | Exercise 6-6
Section
Date | Discount Electronics

Name Exercise 6-7

Section

Date Mawmey Company

Name | Exercise 6-8
Section
Date | Dene Company

Name | Exercise 6-9
Section
Date | Dene Company

| |
|---|
| |
| |
| |
| |
| |
| |
| |
| |
| |
| |
| |
| |
| |
| |
| |
| |
| |
| |
| |
| |
| |
| |
| |
| |
| |
| |
| |
| |
| |
| |
| |
| |
| |
| |
| |
| |
| |
| |
| |

Name Exercise 6-10

Section

Date Lake Company

(a)

General Journal

| Date | Accounts and Explanations | Ref. | Debit | Credit |
| --- | --- | --- | --- | --- |
| | | | | |

(b)

Name
Section
Date

| E 6-11 | 2002 | 2003 |
| --- | --- | --- |
| | | |

| E 6-12 (a) | 2002 | 2003 |
| --- | --- | --- |
| | | |

(b) and (c)

Name | Exercise 6-13
Section
Date | Cody Camera Shop

| | Unit Cost | Market | LCM |
|---|---|---|---|
| Cameras: | | | |
| Minolta | 875 - | 800 - | |
| Canon | 1050 - | 1064 - | |
| Light Meters: | | | |
| Vivitar | 1500 - | 1428 - | |
| Kodak | 1150 - | 1350 - | |
| Total Inventory | 4575 - | 4642 - | 4575 |

Name *Exercise 6-14

Section

Date Stracka Appliance

| Date | Purchased | Sold | Balance |
|---|---|---|---|

Name
Section
Date



E 6-15

| | | |
|---|---|---|
| | | |
| | | |
| | | |
| | | |
| | | |
| | | |
| | | |
| | | |
| | | |
| | | |
| | | |
| | | |
| | | |
| | | |
| | | |
| | | |
| | | |
| | | |

E 6-16

| | Women's Department | | Men's Department | |
|---|---|---|---|---|
| | Cost | Retail | Cost | Retail |
| | | | | |
| | | | | |
| | | | | |
| | | | | |
| | | | | |
| | | | | |
| | | | | |
| | | | | |
| | | | | |
| | | | | |
| | | | | |
| | | | | |
| | | | | |
| | | | | |
| | | | | |
| | | | | |
| | | | | |
| | | | | |

Name Problem 6-1A

Section

Date Kananaskis Country Company

Name | Problem 6-2A
Section
Date | Kane's Pro Shop

(a) General Journal

| Date | Account Titles and Explanation | Ref. | Debit | Credit |
|---|---|---|---|---|
| Apr. 5 | Purchases | | 1600 – | |
| | Accounts Payable – Balata Co. | | | 1600 – |
| 7 | Freight In | | 80 – | |
| | Bank | | | 80 – |
| 10 | Accounts Payable – Balata Co. | | 100 – | |
| | Purchase Returns and Allowances | | | 100 – |
| 12 | Purchases | | 660 – | |
| | Accounts Payable – Arrow Sports Wear | | | 660 – |
| 14 | Accounts Payable – Balata Co. | | 1500 – | |
| | Bank | | | 1500 – |
| 17 | Accounts Payable – Arrow Sportswear | | 60 – | |
| | Purchases Returns and Allowances | | | 60 – |
| 20 | Accounts Receivable | | 700 – | |
| | Sales | | | 700 – |
| 21 | Accounts Payable – Arrow Sportswear | | 600 – | |
| | Bank | | | 600 – |
| 27 | Sales Returns and Allowances | | 30 – | |
| | Accounts Receivable | | | 30 – |
| 30 | Bank | | 600 – | |
| | Sales | | | 600 – |
| 30 | Bank | | 1100 – | |
| | Accounts Receivable | | | 1100 – |

(b)

Cash

| Date | Explanation | Ref. | Debit | Credit | Balance |
|---|---|---|---|---|---|
| April 1 | Balance | ✔ | | | 2500 |
| Apr. 7 | | | | 80 – | 2420 – |
| 14 | | | | 1500 – | 920 – |
| 21 | | | | 600 – | 320 – |
| 30 | | | 600 – | | 920 – |
| 30 | | | 1100 | | 2020 – |
| | | | | | |

Accounts Receivable

| Date | Explanation | Ref. | Debit | Credit | Balance |
|---|---|---|---|---|---|
| Apr. 20 | | | 700 – | | 700 – |
| 27 | | | | 30 – | 670 – |
| 30 | | | | 1100 – | 430 – |
| | | | | | |
| | | | | | |

Merchandise Inventory

| Date | Explanation | Ref. | Debit | Credit | Balance |
|---|---|---|---|---|---|
| April 1 | Balance | ✔ | | | 3500 |
| | | | | | |

Accounts Payable

| Date | Explanation | Ref. | Debit | Credit | Balance |
|---|---|---|---|---|---|
| Apr. 5 | | | | 1600 – | 1600 – |
| 10 | | | 100 – | | 1500 – |
| 12 | | | | 660 – | 2160 – |
| 14 | | | 1500 – | | 660 – |
| 17 | | | 60 – | | 600 – |
| 21 | | | 600 – | | 0 – |
| | | | | | |

Kane, Capital

| Date | Explanation | Ref. | Debit | Credit | Balance |
|---|---|---|---|---|---|
| April 1 | Balance | ✔ | | | 6000 |
| | | | | | |

(b) (Continued)

Sales

| Date | Explanation | Ref. | Debit | Credit | Balance |
|---|---|---|---|---|---|
| Apr. 20 | | | | 700 – | 700 – |
| 30 | | | | 600 – | 1300 – |
| | | | | | |
| | | | | | |

Sales Returns and Allowances

| Date | Explanation | Ref. | Debit | Credit | Balance |
|---|---|---|---|---|---|
| Apr. 27 | | | 30 – | | 30 – |
| | | | | | |

Purchases

| Date | Explanation | Ref. | Debit | Credit | Balance |
|---|---|---|---|---|---|
| Apr. 5 | | | 1600 – | | 1600 – |
| 12 | | | 660 – | | 2260 – |
| | | | | | |

Purchase Returns and Allowances

| Date | Explanation | Ref. | Debit | Credit | Balance |
|---|---|---|---|---|---|
| Apr. 10 | | | | 100 – | 100 – |
| 17 | | | | 60 – | 160 – |
| | | | | | |

Freight In

| Date | Explanation | Ref. | Debit | Credit | Balance |
|---|---|---|---|---|---|
| Apr. 7 | | | 80 – | | 80 – |
| | | | | | |

(c)

KANE'S PRO SHOP
Trial Balance
April 30, 2003

| | Debit | Credit |
|---|---|---|
| | | |
| | | |
| | | |
| | | |
| | | |
| | | |
| | | |
| | | |
| | | |
| | | |
| | | |
| | | |
| | | |
| | | |
| | | |
| | | |

(d)

KANE'S PRO SHOP
Income Statement (partial)
For the Month Ended April 30, 2003

| | | | |
|---|---|---|---|
| | | | |
| | | | |
| | | | |
| | | | |
| | | | |
| | | | |
| | | | |
| | | | |
| | | | |
| | | | |
| | | | |
| | | | |
| | | | |
| | | | |
| | | | |
| | | | |
| | | | |
| | | | |

(a)

METRO DEPARTMENT STORE
Income Statement
For the Year Ended November 30, 2003

(b) General Journal

| Date | Account Titles and Explanation | Ref. | Debit | Credit |
|---|---|---|---|---|
| | | | | |

Name Problem 6-4A

Section

Date Choi Company

(a) Cost of Goods Available for Sale

| Date | Explanation | Units | Unit Cost | Total Cost |
| --- | --- | --- | --- | --- |
| | | | | |

(b) FIFO

(1) Ending Inventory (2) Cost of Goods Sold

Weighted Average

(1) Ending Inventory (2) Cost of Goods Sold

(b) (Continued) LIFO

(1) Ending Inventory

(2) Cost of Goods Sold

(c)

| | FIFO | Average | LIFO |
| --- | --- | --- | --- |
| B/S: Ending Inventory | | | |
| I/S: Cost of Goods Sold | | | |

(d)

Name | Problem 6-5A
Section
Date | Réal Novelty

(a)

RÉAL NOVELTY
Income Statement
For the Year Ended December 31, 2003

| | FIFO | AVERAGE |
| --- | --- | --- |
| | | |
| | | |
| | | |
| | | |
| | | |
| | | |
| | | |
| | | |
| | | |
| | | |
| | | |
| | | |
| | | |
| | | |
| | | |

(b)

Name
Section
Date

Problem 6-6A

JL Company

(a) **Effect**

1. Cost of goods sold for 2002.
2. Cost of goods sold for 2003.
3. Net income for 2002.
4. Net income for 2003.
5. Combined income for the two years, 2002 and 2003.

(b) **Inventory Costing Method**

1. Overstates current value on a balance sheet.
2. Matches recent costs against revenue.
3. Results in a balance sheet inventory value closest to replacement cost.
4. Smooths out the effect of price fluctuations.

Name
Section
Date





(a)

ALYSSA COMPANY
Income Statements (incorrect)
For the Years Ended July 31, 2002 and 2003

| | 2002 | 2003 |
|---|---|---|
| | | |

(a) (Continued)

ALYSSA COMPANY
Income Statements (corrected)
For the Years Ended July 31, 2002 and 2003

| | 2002 | 2003 |
|---|---|---|
| | | |

(b)

(a)

General Journal (Amelia)

| Date | Account Titles and Explanation | Ref. | Debit | Credit |
|---|---|---|---|---|
| | | | | |
| | | | | |
| | | | | |
| | | | | |
| | | | | |
| | | | | |
| | | | | |
| | | | | |
| | | | | |
| | | | | |
| | | | | |
| | | | | |
| | | | | |
| | | | | |
| | | | | |
| | | | | |
| | | | | |

(b)

General Journal (Karina)

| Date | Account Titles and Explanation | Ref. | Debit | Credit |
|---|---|---|---|---|
| | | | | |
| | | | | |
| | | | | |
| | | | | |
| | | | | |
| | | | | |
| | | | | |
| | | | | |
| | | | | |
| | | | | |
| | | | | |
| | | | | |
| | | | | |
| | | | | |
| | | | | |
| | | | | |

(c) and (d)

Name *Problem 6-9A

Section

Date Powder!

(a)

FIFO – Perpetual

(b) FIFO – Periodic

(c)

General Journal

| Date | Account Titles and Explanation | Ref. | Debit | |
|---|---|---|---|---|
| | | | | |

(d)

General Journal

| Date | Account Titles and Explanation | Ref. | Debit | |
|---|---|---|---|---|
| | | | | |

| Name | *Problem 6-10A |
|---|---|
| Section | |
| Date | The Reliable Appliance Mart |

(a)

| (1) Date | FIFO | | |
|---|---|---|---|
| | Purchased | Sold | Balance |
| | | | |
| | | | |
| | | | |
| | | | |
| | | | |
| | | | |
| | | | |
| | | | |
| | | | |
| | | | |
| | | | |
| | | | |
| | | | |
| | | | |
| | | | |

| (2) Date | Moving Average | | |
|---|---|---|---|
| | Purchased | Sold | Balance |
| | | | |
| | | | |
| | | | |
| | | | |
| | | | |
| | | | |
| | | | |
| | | | |
| | | | |
| | | | |
| | | | |
| | | | |
| | | | |
| | | | |
| | | | |

(b)

Name *Problem 6-11A

Section

Date Chang Company

(a) November

(b) December

| (a) | Cost | Retail |
| --- | --- | --- |
| | | |

(b)

Name | Exercise 7-1

Section

Date | Tasi Company

(a)

TASI COMPANY
Purchases Journal

P1

| Date | Account Credited | Terms | Ref. | Merchandise Inventory Dr. Acc. Pay. Cr. |
|---|---|---|---|---|
| | | | | |
| | | | | |
| | | | | |
| | | | | |
| | | | | |
| | | | | |
| | | | | |
| | | | | |
| | | | | |
| | | | | |

(b)

General Journal

J1

| Date | Account Titles and Explanations | Ref. | Debit | Credit |
|---|---|---|---|---|
| | | | | |
| | | | | |
| | | | | |
| | | | | |
| | | | | |
| | | | | |
| | | | | |
| | | | | |
| | | | | |
| | | | | |

Name

Section

Date



E 7-2

E 7-3

| (a) Journal | (b) Journal Columns |
| --- | --- |
| 1. | |
| 2. | |
| 3. | |
| 4. | |
| 5. | |
| 6. | |
| 7. | |
| 8. | |
| 9. | |

Name | | Exercise 7-4
Section
Date | | Pitblado Company

## Sales Journal

S1

| Date | Account Debited | Invoice No. | Ref. | A/R Dr. Sales Cr. | Cost of Goods Sold Dr. Merchandise Inventory Cr. |
|---|---|---|---|---|---|
| Sept. 2 | H. Bansal | 101 | ✓ | 600 - | 360 - |
| | | | | | |
| | | | | | |
| | | | | | |
| | | | | | |

## Purchases Journal

P1

| Date | Account Credited | Terms | Ref. | Merchandise Inventory Dr. Accounts Payable Cr. |
|---|---|---|---|---|
| Sept. 10 | Miramichi Company | n/30 | ✓ | 700 - |
| | | | | |
| | | | | |
| | | | | |
| | | | | |

Name | Exercise 7-5
Section
Date | Pitblado Company

(a), (b) and (c)

## Cash Receipts Journal

CR 1

| Date | Account Credited | Ref. | Cash Dr. | Accounts Receivable Cr. | Sales Cr. | Cost of Goods Sold Dr. Merch.Inv. Cr. | Other Accounts Cr. |
|---|---|---|---|---|---|---|---|
| Sept. 16 | L. Maillette | ✓ | 800 – | | 800 – | 480 – | |
| | | | | | | | |
| | | | | | | | |
| | | | | | | | |
| | | | | | | | |

## Cash Payments Journal

CP 1

| Date | Chq. No. | Payee | Cash Cr. | Merchandise Inventory Dr. | Accounts Payable Dr. | Account Debited | Ref. | Other Accounts Dr. |
|---|---|---|---|---|---|---|---|---|
| Sept. 10 | | Apex Shippers | 450 – | 450 – | | | | |
| 15 | | Miramichi Co. | 450 – | 450 – | | | | |
| 20 | | L. Maillette | 800 – | | | Sales Returns | | 800 – |
| | | | | 480 – | | Cost of Goods Sold | | 480 – |
| | | | | | | | | |
| | | | | | | | | |

(d)

## General Journal

J1

| Date | Account Titles and Explanation | Ref. | Debit | Credit |
|---|---|---|---|---|
| Sept. 11 | Accounts Payable | | 200 – | |
| | Purchase Returns and Allowances | | | 200 – |
| | | | | |
| | | | | |
| | | | | |
| | | | | |
| | | | | |
| | | | | |
| | | | | |
| | | | | |
| | | | | |
| | | | | |
| | | | | |
| | | | | |
| | | | | |
| | | | | |
| | | | | |
| | | | | |
| | | | | |
| | | | | |

Name Exercise 7-6
Section
Date Yu Company

(a) General Journal J1

| Date | Account Titles and Explanation | Ref. | Debit | Credit |
|---|---|---|---|---|
| | | | | |
| | | | | |
| | | | | |
| | | | | |
| | | | | |
| | | | | |
| | | | | |
| | | | | |
| | | | | |
| | | | | |
| | | | | |
| | | | | |
| | | | | |
| | | | | |
| | | | | |

(b)

Name Exercise 7-7
Section
Date Yan Company

Name

Section

Date

Exercise 7-8

Pirie Company

(a) and (b)

*General Ledger*

Accounts Receivable

| Date | Explanation | Ref. | Debit | Credit | Balance |
|---|---|---|---|---|---|
| Sept 1 | Balance | ✔ | | | 10960 |
| | | | | | |
| | | | | | |
| | | | | | |

*Accounts Receivable Subsidiary Ledger*

Bannister

| Date | Explanation | Ref. | Debit | Credit | Balance |
|---|---|---|---|---|---|
| Sept 1 | Balance | ✔ | | | 1440 |
| | | | | | |
| | | | | | |
| | | | | | |

Crowley

| Date | Explanation | Ref. | Debit | Credit | Balance |
|---|---|---|---|---|---|
| Sept 1 | Balance | ✔ | | | 2640 |
| | | | | | |
| | | | | | |

DeLeon

| Date | Explanation | Ref. | Debit | Credit | Balance |
|---|---|---|---|---|---|
| | | | | | |
| | | | | | |
| | | | | | |

Dotson

| Date | Explanation | Ref. | Debit | Credit | Balance |
|---|---|---|---|---|---|
| Sept 1 | Balance | ✔ | | | 2060 |
| | | | | | |
| | | | | | |
| | | | | | |

Seaver

| Date | Explanation | Ref. | Debit | Credit | Balance |
|---|---|---|---|---|---|
| Sept 1 | Balance | ✔ | | | 4820 |
| | | | | | |
| | | | | | |
| | | | | | |
| | | | | | |

PIRIE COMPANY
Schedule of Customers
As of September 30, 2003

Name

Section

Date

Name Exercise 7-11

Section

Date René Vermette

*E7-12

*(a) and (b)

PITBLADO COMPANY
Sales Journal S1

| Date | Account Debited | Invoice No. | Ref. | Accounts Receivable Dr. Sales Cr. |
|---|---|---|---|---|
| | | | | |
| | | | | |
| | | | | |

(a) & (c)

Purchases Journal P1

| Date | Account Credited | Terms | Ref. | Purchases Dr. Accounts Payable Cr. |
|---|---|---|---|---|
| | | | | |
| | | | | |
| | | | | |

(a) and (b)

PITBLADO COMPANY
Cash Receipts Journal CR1

| Date | Account Credited | Ref. | Cash Dr. | Accounts Receivable Cr. | Sales Cr. | Other Accounts Cr. |
|---|---|---|---|---|---|---|
| | | | | | | |
| | | | | | | |
| | | | | | | |

(a) and (c)

Cash Payments Journal CP1

| Date | Chq. No. | Payee | Cash Cr. | Accounts Payable Dr. | Account Debited | Ref. | Other Accounts Cr. |
|---|---|---|---|---|---|---|---|
| | | | | | | | |
| | | | | | | | |
| | | | | | | | |

(d) J1

General Journal

| Date | Account Titles and Explanation | Ref. | Debit | Credit |
| --- | --- | --- | --- | --- |

Name *Exercises 7-14 to 7-15
Section
Date

*E 7-14

## ROUSE COMPANY
### Sales Journal

P1 S1

| Date | Account Debited | Invoice No. | Ref. | A/R Dr. | Sales Cr. | GST Payable Cr. | PST Payable Cr. | Cost of Goods Sold Dr. Merch. Inv Cr. |
|---|---|---|---|---|---|---|---|---|
| | | | | | | | | |
| | | | | | | | | |
| | | | | | | | | |
| | | | | | | | | |
| | | | | | | | | |
| | | | | | | | | |

### Purchases Journal

P1

| Date | Account Credited | Terms | Ref. | Merchandise Inventory Dr. | GST Recoverable Dr. | Accounts Payable Cr. |
|---|---|---|---|---|---|---|
| | | | | | | |
| | | | | | | |
| | | | | | | |
| | | | | | | |
| | | | | | | |
| | | | | | | |

*E 7-15

## LEAHY COMPANY
### Cash Receipts Journal

CR 1

| Date | Account Credited | Ref. | Cash Dr. | Accounts Receivable Cr. | Sales Cr. | GST Payable Cr. | PST Payable Cr. | Cost of Sold Dr. Merch. Inv. Cr. | Other Accounts Cr. |
|---|---|---|---|---|---|---|---|---|---|
| | | | | | | | | | |
| | | | | | | | | | |
| | | | | | | | | | |
| | | | | | | | | | |
| | | | | | | | | | |
| | | | | | | | | | |

### Cash Payments Journal

CP 1

| Date | Chq. No. | Payee | Cash Cr. | Merchandise Inventory Dr. | Accounts Payable Dr. | GST Recoverable Dr. | Account Debited | Ref. | Other Accounts Dr. |
|---|---|---|---|---|---|---|---|---|---|
| | | | | | | | | | |
| | | | | | | | | | |
| | | | | | | | | | |
| | | | | | | | | | |
| | | | | | | | | | |
| | | | | | | | | | |

PANOS COMPANY
Cash Receipts Journal

(a) CR1

| Date | Account Credited | Ref. | Cash Dr. | Accts. Receivable Cr. | Sales Cr. | Cost of Goods Sold Dr./ Merchandise Inventory Cr. | Other Accts. Cr. |
|---|---|---|---|---|---|---|---|
| Apr. 1 | F. Panos, Capital | ✓ | 6000 – | | | | 6000 – |
| 4 | A/R – Smith | ✓ | 1600 – | 1600 – | | | |
| 5 | A/R – Northurst Co. | 302 | 620 – | 620 – | | | |
| 8 | | ✓ | 7245 – | | 7245 – | 4090 – | |
| 10 | A/R – Harris | 309 | 900 – | 900 – | | | |
| 11 | | ✓ | 550 – | | | | 550 – |
| 27 | A/R – Northurst Co. | 310 | 1600 – | 1600 – | | | |
| 29 | A/R – Karl | ✓ | 1200 – | 1200 – | | | |
| | | | 19715 – | 5920 – | 7245 – | 4090 – | 6550 – |

Name
Section
Date

Problem 7-3A
Just-for You Company

(a), (b) and (c)

## Sales Journal

S1

| Date | Account Debited | Invoice No. | Ref. | Acc. Rec. Dr. Sales Cr. | Cost of Goods Sold Dr. Merch. Inv. Cr. |
|---|---|---|---|---|---|
| | | | | | |
| | | | | | |
| | | | | | |
| | | | | | |
| | | | | | |
| | | | | | |
| | | | | | |
| | | | | | |
| | | | | | |

## Purchases Journal

P1

| Date | Account Credited | Terms | Ref. | Merchandise Inventory Dr. Acc. Pay. Cr. |
|---|---|---|---|---|
| | | | | |
| | | | | |
| | | | | |
| | | | | |
| | | | | |
| | | | | |
| | | | | |
| | | | | |
| | | | | |

## General Journal

J1

| Date | Account Titles and Explanations | Ref. | Debit | Credit |
|---|---|---|---|---|
| | | | | |
| | | | | |
| | | | | |
| | | | | |
| | | | | |
| | | | | |
| | | | | |
| | | | | |
| | | | | |
| | | | | |

(a), (b) and (c) (Continued)

## Cash Receipts Journal

CR1

| Date | Account Credited | Ref. | Cash Dr. | Accts. Receivable Cr. | Sales Cr. | Cost of Goods Sold Dr. Merchandise Inventory Cr. | Other Accts. Cr. |
|---|---|---|---|---|---|---|---|
| | | | | | | | |
| | | | | | | | |
| | | | | | | | |
| | | | | | | | |
| | | | | | | | |
| | | | | | | | |
| | | | | | | | |
| | | | | | | | |
| | | | | | | | |
| | | | | | | | |
| | | | | | | | |
| | | | | | | | |

## Cash Payments Journal

CP1

| Date | Chq. No. | Payee | Cash Cr. | Merchandise Inventory Dr. | Accts. Payable Dr. | Account Debited | Ref. | Other Accts. Dr. |
|---|---|---|---|---|---|---|---|---|
| | | | | | | | | |
| | | | | | | | | |
| | | | | | | | | |
| | | | | | | | | |
| | | | | | | | | |
| | | | | | | | | |
| | | | | | | | | |
| | | | | | | | | |
| | | | | | | | | |
| | | | | | | | | |

Name  Problem 7-4A
Section
Date  Saint-Onge Company

*General Ledger*

(a), (d) and (g)

Cash  No. 101

| Date | Explanation | Ref. | Debit | Credit | Balance |
|---|---|---|---|---|---|
| | | | | | |
| | | | | | |
| | | | | | |

Accounts Receivable  No. 112

| Date | Explanation | Ref. | Debit | Credit | Balance |
|---|---|---|---|---|---|
| | | | | | |
| | | | | | |
| | | | | | |
| | | | | | |

Merchandise Inventory  No. 120

| Date | Explanation | Ref. | Debit | Credit | Balance |
|---|---|---|---|---|---|
| | | | | | |
| | | | | | |
| | | | | | |
| | | | | | |
| | | | | | |

Store Supplies  No. 127

| Date | Explanation | Ref. | Debit | Credit | Balance |
|---|---|---|---|---|---|
| | | | | | |
| | | | | | |
| | | | | | |

Prepaid Rent  No. 131

| Date | Explanation | Ref. | Debit | Credit | Balance |
|---|---|---|---|---|---|
| | | | | | |
| | | | | | |
| | | | | | |

Accounts Payable  No. 201

| Date | Explanation | Ref. | Debit | Credit | Balance |
|---|---|---|---|---|---|
| | | | | | |
| | | | | | |
| | | | | | |

(a), (d) and (g) (Continued)

### Saint-Onge, Capital — No. 301

| Date | Explanation | Ref. | Debit | Credit | Balance |
|---|---|---|---|---|---|
| | | | | | |
| | | | | | |

### Saint-Onge, Drawings — No. 306

| Date | Explanation | Ref. | Debit | Credit | Balance |
|---|---|---|---|---|---|
| | | | | | |
| | | | | | |

### Sales — No. 401

| Date | Explanation | Ref. | Debit | Credit | Balance |
|---|---|---|---|---|---|
| | | | | | |
| | | | | | |
| | | | | | |

### Sales Returns and Allowances — No. 412

| Date | Explanation | Ref. | Debit | Credit | Balance |
|---|---|---|---|---|---|
| | | | | | |
| | | | | | |

### Cost of Goods Sold — No. 505

| Date | Explanation | Ref. | Debit | Credit | Balance |
|---|---|---|---|---|---|
| | | | | | |
| | | | | | |
| | | | | | |

### Supplies Expense — No. 631

| Date | Explanation | Ref. | Debit | Credit | Balance |
|---|---|---|---|---|---|
| | | | | | |
| | | | | | |

### Rent Expense — No. 729

| Date | Explanation | Ref. | Debit | Credit | Balance |
|---|---|---|---|---|---|
| | | | | | |
| | | | | | |

(b)

Sales Journal S1

| Date | Account Debited | Invoice No. | Ref. | Acc. Rec. Dr. Sales Cr. | Cost of Goods Sold Dr. Merch. Inv. Cr. |
|---|---|---|---|---|---|
| | | | | | |
| | | | | | |
| | | | | | |
| | | | | | |
| | | | | | |
| | | | | | |
| | | | | | |
| | | | | | |
| | | | | | |

Cash Receipts Journal CR1

| Account Credited | Ref. | Cash Dr. | Accts. Receivable Cr. | Sales Cr. | Cost of Goods Sold Dr. Merch. Inv. Cr. | Other Accts. Cr. |
|---|---|---|---|---|---|---|
| | | | | | | |
| | | | | | | |
| | | | | | | |
| | | | | | | |
| | | | | | | |
| | | | | | | |
| | | | | | | |
| | | | | | | |
| | | | | | | |
| | | | | | | |
| | | | | | | |
| | | | | | | |

) and (g)

General Journal J1

| Date | Account Titles and Explanations | Ref. | Debit | Credit |
|---|---|---|---|---|
| | | | | |
| | | | | |
| | | | | |
| | | | | |
| | | | | |
| | | | | |
| | | | | |
| | | | | |
| | | | | |
| | | | | |

(c) (Continued)

Hardy Co. *Accounts Receivable Subsidiary Ledger*

| Date | Explanation | Ref. | Debit | Credit | Balance |
|---|---|---|---|---|---|
| | | | | | |
| | | | | | |
| | | | | | |
| | | | | | |

S. Kane

| Date | Explanation | Ref. | Debit | Credit | Balance |
|---|---|---|---|---|---|
| | | | | | |
| | | | | | |
| | | | | | |

L. Lemansky

| Date | Explanation | Ref. | Debit | Credit | Balance |
|---|---|---|---|---|---|
| | | | | | |
| | | | | | |
| | | | | | |
| | | | | | |

D. Washburn

| Date | Explanation | Ref. | Debit | Credit | Balance |
|---|---|---|---|---|---|
| | | | | | |
| | | | | | |
| | | | | | |
| | | | | | |

(c)

*Accounts Payable Subsidiary Ledger*

Dixon Co.

| Date | Explanation | Ref. | Debit | Credit | Balance |
|---|---|---|---|---|---|
| | | | | | |
| | | | | | |
| | | | | | |
| | | | | | |

Engel Co.

| Date | Explanation | Ref. | Debit | Credit | Balance |
|---|---|---|---|---|---|
| | | | | | |
| | | | | | |
| | | | | | |
| | | | | | |

Gamble Co.

| Date | Explanation | Ref. | Debit | Credit | Balance |
|---|---|---|---|---|---|
| | | | | | |
| | | | | | |
| | | | | | |

Hill Co.

| Date | Explanation | Ref. | Debit | Credit | Balance |
|---|---|---|---|---|---|
| | | | | | |
| | | | | | |
| | | | | | |
| | | | | | |

Jacob Jewels

| Date | Explanation | Ref. | Debit | Credit | Balance |
|---|---|---|---|---|---|
| | | | | | |
| | | | | | |
| | | | | | |

(e)

SAINT-ONGE COMPANY
Trial Balance
July 31, 2003

| | Debit | Credit |
|---|---|---|
| Cash | | |
| Accounts Receivable | | |
| Merchandise Inventory | | |
| Store Supplies | | |
| Prepaid Rent | | |
| Accounts Payable | | |
| Saint-Onge, Capital | | |
| Saint-Onge, Drawings | | |
| Sales | | |
| Sales Returns and Allowances | | |
| Cost of Goods Sold | | |
| | | |
| | | |
| | | |
| | | |

(f)

| | | |
|---|---|---|
| | | |
| Accounts receivable control account balance: | | |
| | | |
| Subsidiary account balances: | | |
| | | |
| | | |
| | | |
| | | |
| Accounts payable control account balance: | | |
| | | |
| Subsidiary account balances: | | |
| | | |
| | | |
| | | |
| | | |

(h)

SAINT-ONGE COMPANY
Adjusted Trial Balance
July 31, 2003

| | Debit | Credit |
|---|---|---|
| Cash | | |
| Accounts Receivable | | |
| Merchandise Inventory | | |
| Store Supplies | | |
| Prepaid Rent | | |
| Accounts Payable | | |
| Saint-Onge, Capital | | |
| Saint-Onge, Drawings | | |
| Sales | | |
| Sales Returns and Allowances | | |
| Cost of Goods Sold | | |
| Supplies Expense | | |
| Rent Expense | | |
| | | |
| | | |
| | | |
| | | |
| | | |
| | | |
| | | |

(b)

## Sales Journal

S1

| Date | Account Debited | Invoice No. | Ref. | Acc. Rec. Dr. Sales Cr. | Cost of Goods Sold Dr. Merchandise Inventory Cr. |
|---|---|---|---|---|---|
| | | | | | |
| | | | | | |
| | | | | | |
| | | | | | |
| | | | | | |
| | | | | | |

## Purchases Journal

P1

| Date | Account Credited | Terms | Ref. | Merchandise Inventory Dr. Acc. Pay. Cr. |
|---|---|---|---|---|
| | | | | |
| | | | | |
| | | | | |
| | | | | |
| | | | | |
| | | | | |

## General Journal

J1

| Date | Account Titles and Explanations | Ref. | Debit | Credit |
|---|---|---|---|---|
| | | | | |
| | | | | |
| | | | | |
| | | | | |
| | | | | |
| | | | | |
| | | | | |
| | | | | |
| | | | | |
| | | | | |
| | | | | |
| | | | | |
| | | | | |
| | | | | |
| | | | | |
| | | | | |

(b) (Continued)

Cash Receipts Journal CR1

| Date | Account Credited | Ref. | Cash Dr. | Accts. Receivable Cr. | Sales Cr. | Cost of Goods Sold Dr. Merch. Inv. Cr. | Other Accts. Cr. |
|---|---|---|---|---|---|---|---|
| | | | | | | | |
| | | | | | | | |
| | | | | | | | |
| | | | | | | | |
| | | | | | | | |
| | | | | | | | |
| | | | | | | | |
| | | | | | | | |
| | | | | | | | |
| | | | | | | | |
| | | | | | | | |
| | | | | | | | |

Cash Payments Journal CP1

| Date | Chq. No. | Payee | Cash Cr. | Merchandise Inventory Dr. | Accts. Payable Dr. | Account Debited | Ref. | Other Accts. Dr. |
|---|---|---|---|---|---|---|---|---|
| | | | | | | | | |
| | | | | | | | | |
| | | | | | | | | |
| | | | | | | | | |
| | | | | | | | | |
| | | | | | | | | |
| | | | | | | | | |
| | | | | | | | | |
| | | | | | | | | |
| | | | | | | | | |

(a) and (c)

*General Ledger*

Cash No. 101

| Date | Explanation | Ref. | Debit | Credit | Balance |
|---|---|---|---|---|---|
| Jan. 1 | Balance | ✔ | | | 49500 |
| | | | | | |
| | | | | | |

(a) and (c) (Continued)

### Accounts Receivable — No. 112

| Date | Explanation | Ref. | Debit | Credit | Balance |
|---|---|---|---|---|---|
| Jan. 1 | Balance | ✔ | | | 15000 |
| | | | | | |
| | | | | | |
| | | | | | |
| | | | | | |

### Notes Receivable — No. 115

| Date | Explanation | Ref. | Debit | Credit | Balance |
|---|---|---|---|---|---|
| Jan. 1 | Balance | ✔ | | | 45000 |
| | | | | | |
| | | | | | |

### Merchandise Inventory — No. 120

| Date | Explanation | Ref. | Debit | Credit | Balance |
|---|---|---|---|---|---|
| Jan. 1 | Balance | ✔ | | | 23000 |
| | | | | | |
| | | | | | |
| | | | | | |
| | | | | | |
| | | | | | |
| | | | | | |

### Land — No. 140

| Date | Explanation | Ref. | Debit | Credit | Balance |
|---|---|---|---|---|---|
| Jan. 1 | Balance | ✔ | | | 25000 |
| | | | | | |

### Building — No. 145

| Date | Explanation | Ref. | Debit | Credit | Balance |
|---|---|---|---|---|---|
| Jan. 1 | Balance | ✔ | | | 75000 |
| | | | | | |

### Accumulated Amortization—Building — No. 146

| Date | Explanation | Ref. | Debit | Credit | Balance |
|---|---|---|---|---|---|
| Jan. 1 | Balance | ✔ | | | 18000 |
| | | | | | |

(a) and (c) (Continued)

Equipment No. 157

| Date | Explanation | Ref. | Debit | Credit | Balance |
|---|---|---|---|---|---|
| Jan. 1 | Balance | ✔ | | | 6450 |
| | | | | | |

Accumulated Amortization—Equipment No. 158

| Date | Explanation | Ref. | Debit | Credit | Balance |
|---|---|---|---|---|---|
| Jan. 1 | Balance | ✔ | | | 1500 |
| | | | | | |

Notes Payable No. 200

| Date | Explanation | Ref. | Debit | Credit | Balance |
|---|---|---|---|---|---|
| | | | | | |
| | | | | | |

Accounts Payable No. 201

| Date | Explanation | Ref. | Debit | Credit | Balance |
|---|---|---|---|---|---|
| Jan. 1 | Balance | ✔ | | | 43000 |
| | | | | | |
| | | | | | |
| | | | | | |
| | | | | | |
| | | | | | |

Mortgage Payable No. 275

| Date | Explanation | Ref. | Debit | Credit | Balance |
|---|---|---|---|---|---|
| Jan. 1 | Balance | ✔ | | | 82000 |
| | | | | | |

S. Kelly, Capital No. 301

| Date | Explanation | Ref. | Debit | Credit | Balance |
|---|---|---|---|---|---|
| Jan. 1 | Balance | ✔ | | | 94450 |
| | | | | | |

(a) and (c) (Continued)

Sales No. 401

| Date | Explanation | Ref. | Debit | Credit | Balance |
|---|---|---|---|---|---|
| | | | | | |
| | | | | | |
| | | | | | |

Sales Returns and Allowances No. 412

| Date | Explanation | Ref. | Debit | Credit | Balance |
|---|---|---|---|---|---|
| | | | | | |
| | | | | | |

Cost of Goods Sold No. 505

| Date | Explanation | Ref. | Debit | Credit | Balance |
|---|---|---|---|---|---|
| | | | | | |
| | | | | | |
| | | | | | |
| | | | | | |

Sales Salaries Expense No. 726

| Date | Explanation | Ref. | Debit | Credit | Balance |
|---|---|---|---|---|---|
| | | | | | |
| | | | | | |

Office Salaries Expense No. 727

| Date | Explanation | Ref. | Debit | Credit | Balance |
|---|---|---|---|---|---|
| | | | | | |
| | | | | | |

Loss–Damaged Inventory No. 916

| Date | Explanation | Ref. | Debit | Credit | Balance |
|---|---|---|---|---|---|
| | | | | | |
| | | | | | |

(a) and (c) (Continued)

*Accounts Receivable Subsidiary Ledger*

R. Barton

| Date | Explanation | Ref. | Debit | Credit | Balance |
|---|---|---|---|---|---|
| Jan. 1 | Balance | ✔ | | | 2500 |
| | | | | | |
| | | | | | |

B. Cole

| Date | Explanation | Ref. | Debit | Credit | Balance |
|---|---|---|---|---|---|
| Jan. 1 | Balance | ✔ | | | 7500 |
| | | | | | |
| | | | | | |

S. Devine

| Date | Explanation | Ref. | Debit | Credit | Balance |
|---|---|---|---|---|---|
| Jan. 1 | Balance | ✔ | | | 5000 |
| | | | | | |
| | | | | | |

B. Senton

| Date | Explanation | Ref. | Debit | Credit | Balance |
|---|---|---|---|---|---|
| | | | | | |
| | | | | | |
| | | | | | |

(a) and (c) (Continued)

*Accounts Payable Subsidiary Ledger*

S. Field

| Date | Explanation | Ref. | Debit | Credit | Balance |
|---|---|---|---|---|---|
| Jan. 1 | Balance | ✔ | | | 10000 |
| | | | | | |

R. Gilson

| Date | Explanation | Ref. | Debit | Credit | Balance |
|---|---|---|---|---|---|
| Jan. 1 | Balance | ✔ | | | 18000 |
| | | | | | |
| | | | | | |

D. Harms

| Date | Explanation | Ref. | Debit | Credit | Balance |
|---|---|---|---|---|---|
| Jan. 1 | Balance | ✔ | | | 15000 |
| | | | | | |
| | | | | | |

Lapeska Co.

| Date | Explanation | Ref. | Debit | Credit | Balance |
|---|---|---|---|---|---|
| | | | | | |
| | | | | | |
| | | | | | |

Warren Parts Co.

| Date | Explanation | Ref. | Debit | Credit | Balance |
|---|---|---|---|---|---|
| | | | | | |
| | | | | | |
| | | | | | |

(d)

KELLY TIRE CO.
Trial Balance
January 31, 2003

| | Debit | Credit |
|---|---|---|
| Cash | | |
| Accounts Receivable | | |
| Notes Receivable | | |
| Merchandise Inventory | | |
| Land | | |
| Building | | |
| Accumulated Amortization—Building | | |
| Equipment | | |
| Accumulated Amortization—Equipment | | |
| Notes Payable | | |
| Accounts Payable | | |
| Mortgage Payable | | |
| S. Kelly, Capital | | |
| Sales | | |
| Sales Returns and Allowances | | |
| Cost of Goods Sold | | |
| Sales Salaries Expense | | |
| Office Salaries Expense | | |
| Loss–Damaged Inventory | | |
| | | |
| | | |

(e)

| | | |
|---|---|---|
| | | |
| Accounts receivable control account balance: | | |
| | | |
| Accounts receivable subsidiary ledger account balances: | | |
| | | |
| | | |
| | | |
| Accounts payable control account balance: | | |
| | | |
| Accounts payable subsidiary ledger account balances: | | |
| | | |
| | | |
| | | |

Name *Problem 7-6A

Section

Date Wider Company

(a), (b) and (c)

Sales Journal S1

| Date | Account Debited | Invoice No. | Ref. | Acc. Rec. Dr. Sales Cr. |
|---|---|---|---|---|
| | | | | |
| | | | | |
| | | | | |
| | | | | |
| | | | | |
| | | | | |
| | | | | |
| | | | | |
| | | | | |

Purchases Journal P1

| Date | Account Credited | Terms | Ref. | Purchases Dr. Acc. Pay. Cr. |
|---|---|---|---|---|
| | | | | |
| | | | | |
| | | | | |
| | | | | |
| | | | | |
| | | | | |
| | | | | |
| | | | | |
| | | | | |

General Journal J1

| Date | Account Titles and Explanations | Ref. | Debit | Credit |
|---|---|---|---|---|
| | | | | |
| | | | | |
| | | | | |
| | | | | |
| | | | | |
| | | | | |
| | | | | |
| | | | | |
| | | | | |
| | | | | |

(a), (b) and (c) (Continued)

Cash Receipts Journal

CR1

| Date | Account Credited | Ref. | Cash Dr. | Accts. Receivable Cr. | Sales Cr. | Other Accts. Cr. |
|---|---|---|---|---|---|---|
| | | | | | | |
| | | | | | | |
| | | | | | | |
| | | | | | | |
| | | | | | | |
| | | | | | | |
| | | | | | | |
| | | | | | | |
| | | | | | | |
| | | | | | | |
| | | | | | | |
| | | | | | | |

Cash Payments Journal

CP1

| Date | Chq. No. | Payee | Cash Cr. | Accts. Payable Dr. | Account Debited | Ref. | Other Accts. Dr. |
|---|---|---|---|---|---|---|---|
| | | | | | | | |
| | | | | | | | |
| | | | | | | | |
| | | | | | | | |
| | | | | | | | |
| | | | | | | | |
| | | | | | | | |
| | | | | | | | |
| | | | | | | | |
| | | | | | | | |

(b)

Sales Journal S1

| Date | Account Debited | Invoice No. | Ref. | Acc. Rec. Dr. | Sales Cr. | GST Payable Cr. | PST Payable Cr. | Cost of Goods Sold Dr. Merch. Inv. Cr |
|---|---|---|---|---|---|---|---|---|
| | | | | | | | | |
| | | | | | | | | |
| | | | | | | | | |
| | | | | | | | | |
| | | | | | | | | |
| | | | | | | | | |
| | | | | | | | | |
| | | | | | | | | |
| | | | | | | | | |
| | | | | | | | | |

Purchases Journal P1

| Date | Account Credited | Terms | Ref. | Merchan. Inventory Dr. | GST Recov. Dr. | Acc. Pay. Cr. |
|---|---|---|---|---|---|---|
| | | | | | | |
| | | | | | | |
| | | | | | | |
| | | | | | | |
| | | | | | | |
| | | | | | | |

General Journal J1

| Date | Account Titles and Explanations | Ref. | Debit | Credit |
|---|---|---|---|---|
| | | | | |
| | | | | |
| | | | | |
| | | | | |
| | | | | |
| | | | | |
| | | | | |
| | | | | |
| | | | | |
| | | | | |
| | | | | |
| | | | | |
| | | | | |
| | | | | |
| | | | | |

(b) (Continued)

Cash Receipts Journal

CR1

| Date | Account Credited | Ref. | Cash Dr. | Accts. Receivable Cr. | Sales Cr. | GST Payable Cr. | PST Payable Cr. | Cost of Goods Sold Dr. Merch. Inv. Cr. | Other Accts. Cr. |
| --- | --- | --- | --- | --- | --- | --- | --- | --- | --- |
| | | | | | | | | | |
| | | | | | | | | | |
| | | | | | | | | | |
| | | | | | | | | | |
| | | | | | | | | | |
| | | | | | | | | | |
| | | | | | | | | | |
| | | | | | | | | | |
| | | | | | | | | | |
| | | | | | | | | | |

Cash Payments Journal

CP1

| Date | Chq. No. | Payee | Cash Cr. | Merch. Invent. Dr. | Accts. Payable Dr. | GST Recoverable Dr. | Account Debited | Ref. | Other Accts. Dr. |
| --- | --- | --- | --- | --- | --- | --- | --- | --- | --- |
| | | | | | | | | | |
| | | | | | | | | | |
| | | | | | | | | | |
| | | | | | | | | | |
| | | | | | | | | | |
| | | | | | | | | | |
| | | | | | | | | | |
| | | | | | | | | | |
| | | | | | | | | | |
| | | | | | | | | | |

(a) and (c)

*General Ledger*

Cash

No. 101

| Date | Explanation | Ref. | Debit | Credit | Balance |
| --- | --- | --- | --- | --- | --- |
| Jan. 1 | Balance | ✔ | | | 39500 |
| | | | | | |
| | | | | | |
| | | | | | |

Accounts Receivable

No. 112

| Date | Explanation | Ref. | Debit | Credit | Balance |
| --- | --- | --- | --- | --- | --- |
| Jan. 1 | Balance | ✔ | | | 15000 |
| | | | | | |
| | | | | | |
| | | | | | |
| | | | | | |

(a) and (c) (Continued)

GST Recoverable — No. 114

| Date | Explanation | Ref. | Debit | Credit | Balance |
|---|---|---|---|---|---|
| Jan. 1 | Balance | ✔ | | | 2800 |
| | | | | | |
| | | | | | |
| | | | | | |

Notes Receivable — No. 115

| Date | Explanation | Ref. | Debit | Credit | Balance |
|---|---|---|---|---|---|
| Jan. 1 | Balance | ✔ | | | 42200 |
| | | | | | |
| | | | | | |

Merchandise Inventory — No. 120

| Date | Explanation | Ref. | Debit | Credit | Balance |
|---|---|---|---|---|---|
| Jan. 1 | Balance | ✔ | | | 23000 |
| | | | | | |
| | | | | | |
| | | | | | |
| | | | | | |
| | | | | | |

Equipment — No. 157

| Date | Explanation | Ref. | Debit | Credit | Balance |
|---|---|---|---|---|---|
| Jan. 1 | Balance | ✔ | | | 6450 |
| | | | | | |

Accumulated Amortization—Equipment — No. 158

| Date | Explanation | Ref. | Debit | Credit | Balance |
|---|---|---|---|---|---|
| Jan. 1 | Balance | ✔ | | | 1500 |
| | | | | | |

Notes Payable — No. 200

| Date | Explanation | Ref. | Debit | Credit | Balance |
|---|---|---|---|---|---|
| | | | | | |
| | | | | | |

(a) and (c) (Continued)

Accounts Payable No. 201

| Date | Explanation | Ref. | Debit | Credit | Balance |
|---|---|---|---|---|---|
| Jan. 1 | Balance | ✔ | | | 43000 |
| | | | | | |
| | | | | | |
| | | | | | |
| | | | | | |
| | | | | | |

GST Payable No. 213

| Date | Explanation | Ref. | Debit | Credit | Balance |
|---|---|---|---|---|---|
| Jan. 1 | Balance | ✔ | | | 980 |
| | | | | | |
| | | | | | |
| | | | | | |
| | | | | | |

PST Payable No. 215

| Date | Explanation | Ref. | Debit | Credit | Balance |
|---|---|---|---|---|---|
| Jan. 1 | Balance | ✔ | | | 1 120 |
| | | | | | |
| | | | | | |
| | | | | | |
| | | | | | |

Marek, Capital No. 301

| Date | Explanation | Ref. | Debit | Credit | Balance |
|---|---|---|---|---|---|
| Jan. 1 | Balance | ✔ | | | 82350 |
| | | | | | |

Sales No. 401

| Date | Explanation | Ref. | Debit | Credit | Balance |
|---|---|---|---|---|---|
| | | | | | |
| | | | | | |
| | | | | | |

Sales Returns and Allowances No. 412

| Date | Explanation | Ref. | Debit | Credit | Balance |
|---|---|---|---|---|---|
| | | | | | |
| | | | | | |
| | | | | | |

(a) and (c) (Continued)

Cost of Goods Sold No. 505

| Date | Explanation | Ref. | Debit | Credit | Balance |
|---|---|---|---|---|---|
| | | | | | |
| | | | | | |
| | | | | | |

Sales Salaries Expense No. 726

| Date | Explanation | Ref. | Debit | Credit | Balance |
|---|---|---|---|---|---|
| | | | | | |
| | | | | | |

Office Salaries Expense No. 727

| Date | Explanation | Ref. | Debit | Credit | Balance |
|---|---|---|---|---|---|
| | | | | | |
| | | | | | |

Rent Expense No. 729

| Date | Explanation | Ref. | Debit | Credit | Balance |
|---|---|---|---|---|---|
| | | | | | |
| | | | | | |

*Accounts Receivable Subsidiary Ledger*

R. Barton

| Date | Explanation | Ref. | Debit | Credit | Balance |
|---|---|---|---|---|---|
| Jan. 1 | Balance | ✔ | | | 2 500 |
| | | | | | |
| | | | | | |

B. Cole

| Date | Explanation | Ref. | Debit | Credit | Balance |
|---|---|---|---|---|---|
| Jan. 1 | Balance | ✔ | | | 7 500 |
| | | | | | |
| | | | | | |

(a) and (c) (Continued)

S. Devine

| Date | Explanation | Ref. | Debit | Credit | Balance |
|---|---|---|---|---|---|
| Jan. 1 | Balance | ✔ | | | 5000 |
| | | | | | |
| | | | | | |

Senton Co.

| Date | Explanation | Ref. | Debit | Credit | Balance |
|---|---|---|---|---|---|
| | | | | | |
| | | | | | |

*Accounts Payable Subsidiary Ledger*

Field Co.

| Date | Explanation | Ref. | Debit | Credit | Balance |
|---|---|---|---|---|---|
| Jan. 1 | Balance | ✔ | | | 10000 |
| | | | | | |

Gilson Co.

| Date | Explanation | Ref. | Debit | Credit | Balance |
|---|---|---|---|---|---|
| Jan. 1 | Balance | ✔ | | | 18000 |
| | | | | | |
| | | | | | |

Harms Hats

| Date | Explanation | Ref. | Debit | Credit | Balance |
|---|---|---|---|---|---|
| Jan. 1 | Balance | ✔ | | | 15000 |
| | | | | | |
| | | | | | |

Lapeska Co.

| Date | Explanation | Ref. | Debit | Credit | Balance |
|---|---|---|---|---|---|
| | | | | | |
| | | | | | |
| | | | | | |

Warren Wares

| Date | Explanation | Ref. | Debit | Credit | Balance |
|---|---|---|---|---|---|
| | | | | | |
| | | | | | |
| | | | | | |

MAREK CO.
Trial Balance
January 31, 2003

(d)

| | Debit | Credit |
|---|---|---|
| Cash | | |
| Accounts Receivable | | |
| GST Recoverable | | |
| Notes Receivable | | |
| Merchandise Inventory | | |
| Equipment | | |
| Accumulated Amortization—Equipment | | |
| Notes Payable | | |
| Accounts Payable | | |
| GST Payable | | |
| PST Payable | | |
| Marek, Capital | | |
| Sales | | |
| Sales Returns and Allowances | | |
| Cost of Goods Sold | | |
| Sales Salaries Expense | | |
| Office Salaries Expense | | |
| Rent Expense | | |
| | | |
| | | |
| | | |

(e)

| | | |
|---|---|---|
| Accounts receivable control account balance: | | |
| | | |
| Accounts receivable subsidiary ledger account balances: | | |
| | | |
| | | |
| | | |
| | | |
| | | |
| Accounts payable control account balance: | | |
| | | |
| Accounts payable subsidiary ledger account balances: | | |
| | | |
| | | |
| | | |
| | | |

Name Exercise 8-1
Section
Date Luna's Pizza

Name Exercise 8-2

Section

Date Sheridan Company

| (a) Weakness | Principle Violated | (b) Recommended Change |
| --- | --- | --- |
| 1. | | |
| 2. | | |
| 3. | | |
| 4. | | |
| 5. | | |

Name | Exercise 8-3

Section

Date | Kailyn's Boutique Shoppe

| (a) Weakness | Principle Violated | (b) Recommended Change |
| --- | --- | --- |
| 1. | | |
| 2. | | |
| 3. | | |
| 4. | | |
| 5. | | |
| 6. | | |

Name
Section
Date

Exercise 8-4

Abekah Company

MEMORANDUM

TO: CONTROLLER

FROM:

DATE:

SUBJECT: Suggested Improvements in Internal Control of Cash Disbursements

Name
Section
Date

Exercise 8-5

Auld Company

General Journal

| Date | Account Titles and Explanation | Ref. | Debit | Credit |
|---|---|---|---|---|
| | | | | |

Name

Section

Date



| (a) | Bank/Book | | Addition/Subtraction | |
| --- | --- | --- | --- | --- |
| 1. | | | | |
| 2. | | | | |
| 3. | | | | |
| 4. | | | | |
| 5. | | | | |
| 6. | | | | |
| | | | | |
| (b) | | | | |
| | | | | |
| | | | | |
| | | | | |
| | | | | |
| | | | | |

(c)

General Journal

| Date | Account Titles and Explanation | Ref. | Debit | Credit |
| --- | --- | --- | --- | --- |
| | | | | |
| | | | | |
| | | | | |
| | | | | |
| | | | | |
| | | | | |
| | | | | |
| | | | | |
| | | | | |
| | | | | |
| | | | | |
| | | | | |
| | | | | |
| | | | | |
| | | | | |
| | | | | |
| | | | | |
| | | | | |
| | | | | |
| | | | | |

Name
Section
Date

E 8-7

17-397

(a)

BANSAL COMPANY
Bank Reconciliation
January 31

| | |
|---|---|
| Cash balance per bank | 3,660.20 |
| Add: Deposits in transit | 490.— |
| Less: Outstanding cheques | 930.— |
| Adjusted cash balance per bank | 3,220.20 |
| Cash balance per books | 3,875.20 |
| Less: NSF cheque | 630.— |
| Less: Bank service charge | 25.— |
| Adjusted cash balance per books | 3,220.20 |
| | |
| | |
| | |
| | |

General Journal

(b)

| Date | Account Titles and Explanation | Ref. | Debit | Credit |
|---|---|---|---|---|
| | | | | |
| | | | | |
| | | | | |
| | | | | |
| | | | | |
| | | | | |
| | | | | |
| | | | | |

E 8-8

| | |
|---|---|
| | |
| | |
| | |
| | |
| | |
| | |
| | |
| | |
| | |
| | |

Name
Section
Date



Alaa Company

(a)

ALAA COMPANY
Bank Reconciliation
July 31

| | |
|---|---|
| Cash balance per bank | 7263 – |
| Add: Deposit in transit | 1500 – |
| | 8763 – |
| Less: Outstanding cheques | 772 – |
| Adjusted cash balance per bank | 7991 – |
| Cash balance per books | 7180 – |
| Add: Collection of note receivable ($800 plus accrued | |
| interest $36, less collection fee $20) | 816 – |
| Less: Bank service charge | 8006 – |
| Adjusted cash balance per books | 15 – |
| | 7991 – |

(b)

General Journal

| Date | Account Titles and Explanation | Ref. | Debit | Credit |
|---|---|---|---|---|
| | | | | |

Name

Section

Date

Exercise 8-10

Sharaf Company

(a)

(b)

SHARAF COMPANY
Bank Reconciliation
September 30

(c)

General Journal

| Date | Account Titles and Explanation | Ref. | Debit | Credit |
|---|---|---|---|---|
| | | | | |

Name Exercise 8-11
Section
Date Nishijima Company

Name

Section

Date

Exercise 8-12

La Maison Company

(a)

| Principles | Application to Cash Receipts |
| --- | --- |
| | |

(b)

| Weaknesses | Suggestions |
| --- | --- |

Name Problem 8-3A

Section

Date MTR Company

(a) General Journal

| Date | Account Titles and Explanation | Ref. | Debit | Credit |
|---|---|---|---|---|

(b)

Petty Cash

| Date | Explanation | Ref. | Credit | Debit | Balance |
|---|---|---|---|---|---|
| | | | | | |
| | | | | | |
| | | | | | |
| | | | | | |

(c)

Name Problem 8-4A

Section

Date Lisik Company

(a)

LISIK COMPANY
Bank Reconciliation
May 31, 2003

(b)

General Journal

| Date | Account Titles and Explanation | Ref. | Debit | Credit |
|---|---|---|---|---|
| | | | | |

Name
Section
Date

Problem 8-5A

MacIsaac Company

(a)

(b)

MacISAAC COMPANY
Bank Reconciliation
November 30, 2003

(c)

General Journal

| Date | Account Titles and Explanation | Ref. | Debit | Credit |
| --- | --- | --- | --- | --- |
| | | | | |
| | | | | |
| | | | | |
| | | | | |
| | | | | |
| | | | | |
| | | | | |
| | | | | |
| | | | | |
| | | | | |
| | | | | |
| | | | | |
| | | | | |
| | | | | |
| | | | | |
| | | | | |
| | | | | |
| | | | | |
| | | | | |
| | | | | |
| | | | | |
| | | | | |
| | | | | |
| | | | | |
| | | | | |
| | | | | |
| | | | | |
| | | | | |
| | | | | |
| | | | | |
| | | | | |
| | | | | |
| | | | | |
| | | | | |
| | | | | |
| | | | | |
| | | | | |
| | | | | |
| | | | | |
| | | | | |

Name Problem 8-6A

Section

Date Videosoft Company

(a)

VIDEOSOFT COMPANY
Bank Reconciliation
July 31, 2003

| | | |
|---|---|---|
| | | |
| | | |
| | | |
| | | |
| | | |
| | | |
| | | |
| | | |
| | | |
| | | |
| | | |
| | | |
| | | |
| | | |
| | | |
| | | |
| | | |
| | | |
| | | |
| | | |

(b) General Journal

| Date | Account Titles and Explanation | Ref. | Debit | Credit |
|---|---|---|---|---|
| | | | | |
| | | | | |
| | | | | |
| | | | | |
| | | | | |
| | | | | |
| | | | | |
| | | | | |
| | | | | |
| | | | | |
| | | | | |
| | | | | |
| | | | | |
| | | | | |
| | | | | |

Name Problem 8-7A
Section
Date Yap Co.

(a), (b), and (c)

(d)

Yap Co.
Bank Reconciliation
March 31, 2003

| | | |
|---|---|---|
| | | |

(e) General Journal

| Date | Account Titles and Explanation | Ref. | Debit | Credit |
|---|---|---|---|---|
| | | | | |

(a)

AURA WHOLE FOODS
Bank Reconciliation
October 31, 2003

(b) and (c)

Name

Section

Date

Problem 8-9A

(a)

(b) and (c)

Name | Exercises 9-1 to 9-2
Section
Date

General Journal

| Date | Account Titles and Explanation | Ref. | Debit | Credit |
|---|---|---|---|---|
| Dec. 31 | Bad Debts Expense | | 8400 - | |
| | Allowances for Doubtful Accounts | | | 8400 - |
| | | | | |
| 31 | Bad Debt Expense | | 8500 - | |
| | Allowances for Doubtful Accounts | | | 8500 - |
| | | | | |
| 31 | Bad Debt Expense | | 4200 - | |
| | Allowances for Doubtful Accounts | | | 4200 - |
| | | | | |
| 31 | Bad Debt Expense | | 5000 - | |
| | Allowances for Doubtful Accounts | | | 5000 - |

Name
Section
Date

E 9-3

| Number of Days Outstanding | % | Amount | Estimated Uncollectible |
|---|---|---|---|
| 0-30 days | 2% | $65,000 | |
| 31-60 days | 10% | 17,600 | |
| 61-90 days | 30% | 8,500 | |
| Over 90 days | 50% | 6,400 | |
| | | $97,500 | |

E 9-4

General Journal

| Date | Account Titles and Explanation | Ref. | Debit | Credit |
|---|---|---|---|---|

Name
Section
Date



General Journal

| Date | Account Titles and Explanation | Ref. | Debit | Credit |
| --- | --- | --- | --- | --- |
| E 9-5 | | | | |
| | | | | |
| | | | | |
| | | | | |
| E 9-6 | | | | |
| | | | | |

General Journal

| Date | Account Titles and Explanation | Ref. | Debit | Credit |
|---|---|---|---|---|
| 20-2 | | | | |
| May 1 | Notes Receivable - Jones Bros. | | 10 500 - | |
| | Accounts Receivable - Jones Bros. | | | 10 500 - |
| | | | | |
| Dec. 31 | Interest Receivable | | 700 - | |
| | Interest Revenue | | | 700 - |
| 20-3 | | | | |
| May 1 | Bank | | 11 550 - | |
| | Notes Receivable - Jones Bros. | | | 10 500 - |
| | Interest Receivable | | | 700 - |
| | Interest Revenue | | | 350 - |

Name Exercises 9-9 to 9-10

Section

Date

General Journal

| Date | Account Titles and Explanation | Ref. | Debit | Credit |
| --- | --- | --- | --- | --- |
| Nov. 1 | Accounts Receivable - Fein | | 4206 - | |
| | Notes Receivable - Fein | | | 4500 - |
| | Interest Revenue | | | 206 - |
| | | | | |
| Nov. 1 | | | | |

E 9-11

DROST COMPANY
(partial) Balance Sheet
October 31, 2003

E 9-12

Name Problem 9-1A

Section

Date Cellular Ten Co.

(a) and (c)

General Journal

| Date | Account Titles and Explanation | Ref. | Debit | Credit |
|---|---|---|---|---|
| | | | | |

(b)

| Accounts Receivable | | Allowance for Doubtful Accounts | |
|---|---|---|---|
| Bal. 960,000 | | | 70,000 Bal. |

Name | Problem 9-3A
Section
Date

(a), (b), and (c)

## General Journal

| Date | Account Titles and Explanation | Ref. | Debit | Credit |
|---|---|---|---|---|
| | | | | |

(a) and (b)

## Bad Debt Expense

| Date | Explanation | Ref. | Debit | Credit | Balance |
|---|---|---|---|---|---|
| | | | | | |

## Allowance for Doubtful Accounts

| Date | Explanation | Ref. | Debit | Credit | Balance |
|---|---|---|---|---|---|
| Dec. 31 | Balance | ✔ | | | 9000 |
| | | | | | |

Name
Section
Date

(a)

| | | Number of Days Outstanding | | | |
|---|---|---|---|---|---|
| | Total | 0-30 | 31-60 | 61-90 | Over 90 |
| Accounts receivable | $260,000 | $100,000 | $60,000 | $50,000 | $30,000 |
| % uncollectible | | 1% | 5% | 10% | 25% |
| Estimated bad debts | | | | | |

(e)

Name | Problem 9-4A Concluded

Section

Date

(b), (c), and (d)

General Journal

| Date | Account Titles and Explanation | Ref. | Debit | Credit |
|---|---|---|---|---|

Name Problem 9-5A

Section

Date Huang Co.

General Journal

| Date | Account Titles and Explanation | Ref. | Debit | Credit |
|---|---|---|---|---|
| | | | | |

Name Problem 9-6A

Section

Date Wilton Corporation

General Journal

| Date | Account Titles and Explanation | Ref. | Debit | Credit |
|---|---|---|---|---|
| | | | | |

Name

Section

Date

Problem 9-7A

Moosa Merchandising Company

Name | Problem 9-8A
Section
Date | Bleumortier Corporation

## General Journal

| Date 20-1 | Account Titles and Explanation | Ref. | Debit | Credit |
|---|---|---|---|---|
| Jan. 5 | Accounts Receivable - Brooks Company | | 7000 - | |
| | Sales | | | 7000 - |
| | | | | |
| Feb. 2 | Notes Receivable - Brooks Company | | 7000 - | |
| | Accounts Receivable - Brooks Company | | | 7000 - |
| | | | | |
| 12 | Notes Receivable - Gage Company | | 7800 - | |
| | Sales | | | 7800 - |
| | | | | |
| 26 | Accounts Receivable - Mathias Co. | | 4000 - | |
| | Sales | | | 4000 - |
| | | | | |
| Apr. 5 | Notes Receivable - Mathias Co. | | 4000 - | |
| | Accounts Receivable - Mathias Co. | | | 4000 - |
| | | | | |
| 12 | Bank | | 7930 - | |
| | Notes Receivable - Gage Company | | | 7800 - |
| | Interest Revenue | | | 130 = |
| | | | | |
| June 2 | Bank | | 7186 66 | |
| | Notes Receivable - Brooks Company | | | 7000 - |
| | Interest Revenue | | | 186 66 |
| | | | | |
| July 4 | Accounts Receivable - Mathias Co. | | 4080 - | |
| | Notes Receivable - Mathias Co. | | | 4000 - |
| | Interest Revenue | | | 80 - |
| | | | | |
| 15 | Notes Receivable - Tritt Inc. | | 5000 - | |
| | Sales | | | 5000 - |
| | | | | |
| Oct. 13 | Allowance for Doubtful Notes | | 5000 - | |
| | Notes Receivable - Tritt Inc. | | | 5000 - |
| | | | | |
| Dec. 31 | No Entry Required | | | |

Name
Section
Date

Problem 9-9A

Tardif Company

(a) and (d)

General Journal

| Date | Account Titles and Explanation | Ref. | Debit | Credit |
|---|---|---|---|---|

(b)

Notes Receivable

| Date | Explanation | Ref. | Debit | Credit | Balance |
| --- | --- | --- | --- | --- | --- |
| Oct. 1 | Balance | ✔ | | | 28000 |
| | | | | | |
| | | | | | |
| | | | | | |
| | | | | | |

Accounts Receivable

| Date | Explanation | Ref. | Debit | Credit | Balance |
| --- | --- | --- | --- | --- | --- |
| | | | | | |
| | | | | | |
| | | | | | |
| | | | | | |
| | | | | | |

Interest Receivable

| Date | Explanation | Ref. | Debit | Credit | Balance |
| --- | --- | --- | --- | --- | --- |
| Oct. 1 | Balance | ✔ | | | 160 |
| | | | | | |
| | | | | | |
| | | | | | |
| | | | | | |
| | | | | | |

(c)

TARDIF COMPANY
(Partial) Balance Sheet
October 31, 2003

| | | |
| --- | --- | --- |
| | | |
| | | |
| | | |
| | | |
| | | |
| | | |
| | | |
| | | |

Name

Section

Date

Problem 9-10A

Canadian National Railway Company

Name Exercises 10-1 to 10-2

Section

Date

(a)

| (b) Year | Calculation: Units of Activity | x | Amortization Cost Per Unit | Annual Amortization Expense | End of Year: Accumulated Amortization | End of Year: Net Book Value |
|---|---|---|---|---|---|---|
| 2002 | 28,000 km | | | | | |
| 2003 | 30,000 km | | | | | |
| 2004 | 25,000 km | | | | | |
| 2005 | 17,000 km | | | | | |

Name Exercise 10-4

Section

Date Stojko Company

Name
Section
Date

Exercise 10-5

Waterloo Company

(a)

(b)

General Journal

| Date | Account Titles and Explanations | Ref. | Debit | Credit |
| --- | --- | --- | --- | --- |
| | | | | |

Name | Exercise 10-6
Section
Date | Alliance Atlantis Communications

MEMORANDUM

TO:

FROM:

DATE:

SUBJECT:

Name | Exercise 10-7
Section
Date | Mactaquac Company

General Journal

| Date | Account Titles and Explanations | Ref. | Debit | Credit |
| --- | --- | --- | --- | --- |
| | | | | |

Name　　　　　　　　　　　　　　　　　　　　　　　　　　Exercise 10-8

Section

Date　　　　　　　　　　　　　　　　　　　　　　　　　　Leger Company

General Journal

| Date | Account Titles and Explanations | Ref. | Debit | Credit |
| --- | --- | --- | --- | --- |
| | | | | |

Name | Exercise 10-9
Section
Date | Rahim Corporation

Name

Section

Exercise 10-10

Philips Inc.

(a)

General Journal

| Date | Account Ttles and Explanations | Ref. | Debit | Credit |
| --- | --- | --- | --- | --- |
| | | | | |
| | | | | |
| | | | | |
| | | | | |
| | | | | |
| | | | | |
| | | | | |
| | | | | |
| | | | | |
| | | | | |
| | | | | |
| | | | | |
| | | | | |
| | | | | |
| | | | | |

(b)

Name | Exercises 10-11 to 10-12

Section

Date

## General Journal

| Date | Account Titles and Explanations | Ref. | Debit | Credit |
|---|---|---|---|---|

Name

Section

Date

Exercises 10-13 to 10-14

E10-13

| (a) Item | Financial Statement | Section |
|---|---|---|
| Accumulated amortization—leasehold improvements | | |
| Accumulated amortization—equipment | | |
| Accumulated amortization—hockey franchise and rights to players | | |
| Amortization expense | | |
| Equipment | | |
| Investments | | |
| Hockey franchise and rights to players | | |

(b)

NORTH WEST SPORTS ENTERPRISES
Balance Sheet (partial)
June 30, 2000

E10-14

Name

Section

Date

Problem 10-1A

Kadlec Company

| Item | Land | Building | Other Accounts | |
|---|---|---|---|---|
| | | | Amount | Titles |
| 1. | | | | |
| 2. | | | | |
| 3. | | | | |
| 4. | | | | |
| 5. | | | | |
| 6. | | | | |
| 7. | | | | |
| 8. | | | | |
| 9. | | | | |
| 10. | | | | |
| 11. | | | | |

Name

Section

Date

Problem 10-2A

Flakeboard Company

| Year | Calculation | Accumulated Amortization 12/31 |
|---|---|---|
| (a) | MACHINE 1 | |
| 1999 | | |
| 2000 | | |
| 2001 | | |
| 2002 | | |
| | MACHINE 2 | |
| 2000 | | |
| 2001 | | |
| 2002 | | |
| | MACHINE 3 | |
| 2001 | | |
| 2002 | | |
| (b) | MACHINE 2 | Amortization Expense |
| (1) 2000 | | |
| (2) 2001 | | |
| (3) 2002 | | |

Name
Section
Date

Problem 10-3A

Whitley Corporation

(a)

Straight-Line

| | Calculation | | | Annual | End of Year | |
|---|---|---|---|---|---|---|
| Year | Amortizable Cost × | Amortization Rate | = | Amortization Expense | Accum. Amortization | Net Book Value |
| | | | | | | |
| 2002 | | | | | | |
| | | | | | | |
| 2003 | | | | | | |
| 2004 | | | | | | |
| | | | | | | |
| | | | | | | |
| | | | | | | |
| | | | | | | |

Double Declining-Balance

| | Calculation | | | Annual | End of Year | |
|---|---|---|---|---|---|---|
| Year | Net Book Value Beginning of year × | Amortization Rate | = | Amortization Expense | Accum. Amortization | Net Book Value |
| | | | | | | |
| 2002 | | | | | | |
| | | | | | | |
| 2003 | | | | | | |
| 2004 | | | | | | |
| | | | | | | |
| | | | | | | |
| | | | | | | |
| | | | | | | |

(b) and (c)

Name | Problem 10-4A

Section

Date | Bérubé Company

| Year | Amortization Expense | Accumulated Amortization |
|---|---|---|
| 2000 | | |
| 2001 | | |
| 2002 | | |
| 2003 | | |
| 2004 | | |
| 2005 | | |

Name

Section

Date



| Transaction | Account Debited | Explanation |
| --- | --- | --- |
| 1. | | |
| | | |
| | | |
| | | |
| | | |
| 2. | | |
| | | |
| | | |
| | | |
| | | |
| 3. | | |
| | | |
| | | |
| | | |
| | | |
| 4. | | |
| | | |
| | | |
| | | |
| | | |
| 5. | | |
| | | |
| | | |
| | | |
| | | |
| 6. | | |
| | | |
| | | |
| | | |
| | | |
| | | |
| | | |
| | | |
| | | |
| | | |
| | | |
| | | |
| | | |
| | | |
| | | |

Name Problem 10-6A
Section
Date Cuylits Company

(a)

General Journal

| Date | Account Titles and Explanation | Ref. | Debit | Credit |
| --- | --- | --- | --- | --- |
| | | | | |
| | | | | |
| | | | | |
| | | | | |
| | | | | |
| | | | | |
| | | | | |
| | | | | |
| | | | | |
| | | | | |
| | | | | |
| | | | | |
| | | | | |
| | | | | |
| | | | | |

(b)

(a) Straight-Line

| (1) Year | Calculation: Amortizable Cost | × | Calculation: Amortization Rate | = | Annual Amortization Expense | End of Year: Accum. Amortization | End of Year: Net Book Value |
|---|---|---|---|---|---|---|---|
| | | | | | | | |
| 1 | | | | | | | |
| | | | | | | | |
| 2 | | | | | | | |
| | | | | | | | |
| 3 | | | | | | | |
| | | | | | | | |
| 4 | | | | | | | |
| | | | | | | | |

Declining-Balance

| Year | Calculation: Net Book Value Beginning of year | × | Calculation: Amortization Rate | = | Annual Amortization Expense | End of Year: Accum. Amortization | End of Year: Net Book Value |
|---|---|---|---|---|---|---|---|
| | | | | | | | |
| 1 | | | | | | | |
| | | | | | | | |
| 2 | | | | | | | |
| | | | | | | | |
| 3 | | | | | | | |
| | | | | | | | |
| 4 | | | | | | | |
| | | | | | | | |

(b) (Continued)

Section
Date

P10-8A

## General Journal

| Date | Account Titles and Explanation | Ref. | Debit | Credit |
|---|---|---|---|---|
| | | | | |

P10-9A

| **Account Title** | **Expenditure** |
|---|---|
| | Architect fees |
| | Cost to demolish an old building |
| | Lawyer's fees associated with a successful patent application |
| | Lawyer's fees associated with an unsuccessful patent application |
| | Cost of a grease and oil change on the company's truck |
| | Cost of installing a new roof on the company's building |
| | Cost of painting the president's office |
| | Cost of CDs and toner for the office computer and printer |
| | Payment to a celebrity for endorsement of a product |
| | Cost of four new tires for the company delivery van |
| | Cost to rebuild the engine on the company delivery van |
| | Cost to pave the company parking lot |
| | Cost of painting the corporation logo on the sides of the company delivery van |

Name Problem 10-10A
Section
Date Riley Corporation

General Journal

| Date | Account Titles and Explanation | Ref. | Debit | Credit |
| --- | --- | --- | --- | --- |

Name Problem 10-11A

Section

Date Tar Company

(a) and (b) General Journal

| Date | Account Titles and Explanation | Ref. | Debit | Credit |
|---|---|---|---|---|
| | | | | |

(c)

TAR COMPANY
Balance Sheet (partial)
December 31, 2002

| | |
|---|---|
| | |

Name Problem 10-12A

Section

Date Dufour Company

(a) General Journal

| Date | Account Titles and Explanation | Ref. | Debit | Credit |
|---|---|---|---|---|
| | | | | |

(a) (Continued) and (b) General Journal

| Date | Account Titles and Explanation | Ref. | Debit | Credit |
|---|---|---|---|---|
| | | | | |
| | | | | |
| | | | | |
| | | | | |
| | | | | |
| | | | | |
| | | | | |
| | | | | |
| | | | | |
| | | | | |
| | | | | |
| | | | | |
| | | | | |
| | | | | |
| | | | | |
| | | | | |
| | | | | |
| | | | | |
| | | | | |
| | | | | |
| | | | | |
| | | | | |
| | | | | |
| | | | | |
| | | | | |
| | | | | |
| | | | | |
| | | | | |
| | | | | |
| | | | | |
| | | | | |
| | | | | |
| | | | | |
| | | | | |
| | | | | |
| | | | | |
| | | | | |
| | | | | |
| | | | | |
| | | | | |

(c)

| Land | |
|---|---|
| Bal. 4,000,000 | |

| Buildings | |
|---|---|
| Bal. 28,500,000 | |

| Accumulated Amortization—Buildings | |
|---|---|
| | 12,100,000 Bal. |

| Equipment | |
|---|---|
| Bal. 48,000,000 | |

| Accumulated Amortization—Equipment | |
|---|---|
| | 5,000,000 Bal. |

DUFOUR CORPORATION
Balance Sheet (Partial)
December 31, 2002

Name

Section

Date



General Journal

| Date | Account Titles and Explanation | Ref. | Debit | Credit |
|---|---|---|---|---|

Name
Section
Date



## General Journal

| Date | Account Titles and Explanation | Ref. | Debit | Credit |
|---|---|---|---|---|
| | | | | |

Name

Section

Date

Exercise 11-6

Seaboard Co.

General Journal

| Date | Account Titles and Explanation | Ref. | Debit | Credit |
| --- | --- | --- | --- | --- |
| | | | | |

Name

Section

Date

Exercise 11-7

Sleep-a-Bye Baby Company

(a)

Accounts payable

Accrued benefit liability

Accrued liabilities

Advances on long-term contracts

Current portion of long-term debt

Deferred income taxes

Income taxes payable

Long-term debt

Payroll related liablities

Short-term borrowings

Unused operating line of credit

(b)

BOMBARDIER
Partial Balance Sheet
January 31, 2001
(in millions)

(a)

ATKINSON ON-LINE
Partial Balance Sheet
August 31, 2003

(b)

Name Exercise 11-10

Section

Date Loew's Cineplex Entertainment Corporation

(a)

LOEW'S CINEPLEX ENTERTAINMENT CORPORATION
Partial Balance Sheet
February 28, 2001
(US thousands)

(b)

Name *Exercises 11-11 to 11-12

Section

Date

E 11-11

E 11-12

| Date | Account Titles and Explanation | Ref. | Debit | Credit |
|---|---|---|---|---|
| | | | | |
| | | | | |
| | | | | |
| | | | | |
| | | | | |
| | | | | |
| | | | | |
| | | | | |
| | | | | |
| | | | | |

(a)

AHMAD COMPANY
Payroll Register
For the Week Ending January 31

| Employee | Total Hours | Earnings | | | Deductions | | | | | Net Pay |
|---|---|---|---|---|---|---|---|---|---|---|
| | | Regular | Overtime | Gross Pay | CPP | EI | Income Tax | Health Insurance | Total | |
| | | | | | | | | | | |
| A. Hope | | | | | | | | | | |
| B. Innes | | | | | | | | | | |
| C. Stone | | | | | | | | | | |
| | | | | | | | | | | |
| | | | | | | | | | | |

(b)

General Journal

| Date | Account Titles and Explanation | Ref. | Debit | Credit |
|---|---|---|---|---|
| | | | | |
| | | | | |
| | | | | |
| | | | | |
| | | | | |
| | | | | |
| | | | | |
| | | | | |
| | | | | |
| | | | | |
| | | | | |
| | | | | |
| | | | | |
| | | | | |
| | | | | |

Name
Section
Date

*Exercise 11-14

Yue Company

(a)

## YUE COMPANY
### Payroll Register
### For the Month Ending February 28

| Earnings | | | Deductions | | | | | | | Accounts Debited | |
|---|---|---|---|---|---|---|---|---|---|---|---|
| Regular | Overtime | Gross Pay | CPP | EI | Income Tax | Union Dues | United Way | Total | Net Pay | Warehouse Wages | Store Wages |
| | | | | | | | | | | | |
| | 1050 | | | 294 | 3262 | 139 | 300 | | | 4900 | |
| | | | | | | | | | | | |

(b)

(c)

### General Journal

| Date | Account Titles and Explanation | Ref. | Debit | Credit |
|---|---|---|---|---|
| | | | | |
| | | | | |
| | | | | |
| | | | | |
| | | | | |

Name *Exercise 11-15

Section

Date Yackness Company

General Journal

| Date | Account Titles and Explanation | Ref. | Debit | Credit |
| --- | --- | --- | --- | --- |

Name | Problem 11-1A
Section
Date | Wendell Company

(a)

| Transaction | Section | Acount Title(s) | Amount(s) |
|---|---|---|---|
| 1 | | | |
| | | | |
| | | | |
| 2 | | | |
| | | | |
| 3 | | | |
| | | | |
| | | | |
| 4 | | | |
| | | | |
| 5 | | | |
| | | | |
| | | | |
| 6 | | | |
| | | | |
| | | | |
| | | | |

(b)

Name Problem 11-2A

Section

Date Learnstream Company

(a) General Journal

| Date | Account Titles and Explanation | Ref. | Debit | Credit |
|---|---|---|---|---|
| | | | | |

(b)

Notes Payable

Interest Expense

Interest Payable

(c)

| LEARNSTREAM COMPANY<br>Partial Balance Sheet<br>December 31, 2003 | |
|---|---|
| | |
| | |
| | |
| | |
| | |
| | |
| | |
| | |

(d)

Name Problem 11-3A

Section

Date Molega Software Company

(a) General Journal

| Date | Account Titles and Explanation | Ref. | Debit | Credit |
| --- | --- | --- | --- | --- |
| | | | | |

(b)

General Journal

| Date | Account Titles and Explanation | Ref. | Debit | Credit |
|---|---|---|---|---|
| | Adjusting Entries | | | |
| | | | | |
| | | | | |
| | | | | |
| | | | | |
| | | | | |
| | | | | |
| | | | | |
| | | | | |
| | | | | |
| | | | | |
| | | | | |
| | | | | |
| | | | | |

(c)

MOLEGA SOFTWARE COMPANY
Partial Balance Sheet
January 31, 2003

| | |
|---|---|
| | |
| | |
| | |
| | |
| | |
| | |
| | |
| | |
| | |
| | |
| | |
| | |
| | |
| | |
| | |

General Journal

| P11-4A<br>Date | Account Titles and Explanation | Ref. | Debit | Credit |
|---|---|---|---|---|
| | | | | |

P11-5A

Name *Problem 11-6A

Section

Date Ecomm, Yerxa Computer and Crescent Companies

| (a) Weaknesses | (b) Recommended Procedures |
| --- | --- |
| | |
| | |
| | |
| | |
| | |
| | |
| | |
| | |
| | |
| | |
| | |
| | |
| | |
| | |
| | |
| | |
| | |
| | |
| | |
| | |
| | |
| | |
| | |
| | |
| | |
| | |
| | |
| | |
| | |
| | |
| | |
| | |
| | |
| | |
| | |
| | |
| | |
| | |
| | |
| | |

Name

Section

Date

*Problem 11-7A

Sure Value Hardware

(a)

| Employee | Hours | Earnings | | | Deductions | | | | | Net Pay | Store Wages Exp. | Office Wages Exp. |
|---|---|---|---|---|---|---|---|---|---|---|---|---|
| | | Regular | Overtime | Gross Pay | Income Tax | United Way | CPP | EI | Total | | | |
| A. Pima | 40 | | | | | 5.00 | | | | | | |
| C. Zuni | 42 | | | | | 5.00 | | | | | | |
| E. Hopi | 44 | | | | | 8.00 | | | | | | |
| G. Mohav | 46 | | | | | 5.00 | | | | | | |
| Totals | | | | | | | | | | | | |
| | | | | | | | | | | | | |
| | | | | | | | | | | | | |
| | | | | | | | | | | | | |
| | | | | | | | | | | | | |
| | | | | | | | | | | | | |
| | | | | | | | | | | | | |

Name
Section
Date

(b), (c) and (d)

General Journal

| Date | Account Titles and Explanation | Ref. | Debit | Credit |
|---|---|---|---|---|
| | | | | |

Name *Problem 11-8A

Section

Date Costa Company

General Journal

| Date | Account Titles and Explanation | Ref. | Debit | Credit |
|---|---|---|---|---|

Name *Problem 11-9A

Section

Date Western Electric Company

(a) and (b) General Journal

| Date | Account Titles and Explanation | Ref. | Debit | Credit |
|---|---|---|---|---|
| | | | | |

(c)

Name

Section

Date

Exercises 12-1 to 12-2

Name

Section

Date

Name
Section
Date



E 12-4

| Year | Costs Incurred | ÷ | Total Estimated Cost | = | Percent Complete | × | Total Revenue | = | Revenue Recognized |
|---|---|---|---|---|---|---|---|---|---|
| | | | | | | | | | |
| | | | | | | | | | |
| | | | | | | | | | |
| | | | | | | | | | |
| | | | | | | | | | |

| Year | Revenue Recognized | − | Actual Cost Incurred | = | Gross Profit Recognized |
|---|---|---|---|---|---|
| | | | | | |
| | | | | | |
| | | | | | |
| | | | | | |
| | | | | | |

E 12-5

(a)

| Year | Cash Collected | × | Gross Profit Margin | = | Gross Profit Recognized |
|---|---|---|---|---|---|
| | | | | | |
| | | | | | |
| | | | | | |
| | | | | | |
| | | | | | |

(b)

Name

Section

Date

Exercises 12-7 to 12-9

Name

Section

Date

Problem 12-1A

Name

Section

Date

Problem 12-2A

Net Nanny Software International Inc.

| Name | Problem 12-3A |
|---|---|
| Section | |
| Date | Kwick Kopy Printers |

General Journal J1

| Date | Account Titles and Explanation | Ref. | Debit | Credit |
|---|---|---|---|---|
| | | | | |

Name Problem 12-4A
Section
Date D'Artagnon Company

Name

Section

Date

Problem 12-5A

Santa's Christmas Tree Farm

Name | Problem 12-6A
Section
Date | Beaver Construction Company

| Year | Costs Incurred | ÷ | Total Estimated Cost | = | Percent Complete | x | Total Revenue | = | Revenue Recognized | - | Actual Cost Incurred | = | Gross Profit Recognized |
|---|---|---|---|---|---|---|---|---|---|---|---|---|---|
| 2001 | | | | | | | | | | | | | |
| 2002 | | | | | | | | | | | | | |
| 2003 | | | | | | | | | | | | | |
| 2004 | | | | | | | | | | | | | |
| Totals | | | | | | | | | | | | | |

Name | Problem 12-7A
Section
Date | Karim Construction Company

(a) and (b)

| Year | Costs Incurred | ÷ | Total Estimated Cost | = | Percent Complete | x | Total Revenue | = | Revenue Recognized | - | Actual Cost Incurred | = | Gross Profit Recognized |
|---|---|---|---|---|---|---|---|---|---|---|---|---|---|
| 2002 | | | | | | | | | | | | | |
| 2003 | | | | | | | | | | | | | |
| 2004 | | | | | | | | | | | | | |
| Totals | | | | | | | | | | | | | |

(c)

| | Year | Cash Collected | × | Gross Profit Margin | = | Gross Profit Recognized |
|---|---|---|---|---|---|---|
| (a) | | | | | | |
| | 2002 | | | | | |
| | 2003 | | | | | |
| | 2004 | | | | | |
| Totals | | | | | | |
| (b) | | | | | | |
| | 2002 | | | | | |
| | 2003 | | | | | |
| | 2004 | | | | | |
| Totals | | | | | | |

Name
Section
Date

Problem 12-9A

Crazy Carl's Deep Discount Furniture Store

(a) and (b)

| Year | Cash Collected | × | Gross Profit Margin | = | Gross Profit Recognized |
|---|---|---|---|---|---|
| 2000 | | | | | |
| 2001 | | | | | |
| 2002 | | | | | |
| 2003 | | | | | |
| Totals | | | | | |

(c) and (d)

Name Problem 12-10A
Section
Date

(a) _______ Assets are not stated at their liquidation value.

(b) _______ The death of the president is not recorded in the accounts.

(c) _______ Repair tools are expensed when purchased.

(d) _______ An allowance for doubtful accounts is established.

(e) _______ Market value changes subsequent to purchase are not recorded in the accounts.

(f) _______ Reporting must be done at defined intervals.

(g) _______ Revenue is recorded at the point of sale.

(h) _______ Small businesses do not have to comply with all GAAP when preparing financial statements.

(i) _______ All important information is presented in the notes or in the financial statements.

(j) _______ Indicates that personal and business record keeping should be separately maintained.

Name

Section

Date



E 13-1

E 13-2

| Date | Account Titles and Explanation | Ref. | Debit | Credit |
| --- | --- | --- | --- | --- |
| | | | | |
| | | | | |
| | | | | |
| | | | | |
| | | | | |
| | | | | |
| | | | | |
| | | | | |
| | | | | |
| | | | | |

Name Exercise 13-3

Section

Date Huma and How

(a)

| | R. Huma | W. How | Total |
|---|---|---|---|
| | | | |

(b)

| Date | Account Titles and Explanation | Ref. | Debit | Credit |
|---|---|---|---|---|
| | | | | |

Section
Date

E 13-4
(a)

SCHOTT CO
Statement of Partners' Capital
For the Year Ended December 31, 2003

| | M. Salz | C. Toni | Total |
|---|---|---|---|
| | | | |

(b)

SCHOTT CO
Partial Balance Sheet
December 31, 2003

E 13-5

| Date | Account Titles and Explanation | Ref. | Debit | Credit |
|---|---|---|---|---|
| | | | | |

Name

Section

Date

Name | Exercise 13-9
Section
Date | Baylee Company

| | Cash | Noncash Assets | Liabilities | Bayer Capital | Leech Capital |
|---|---|---|---|---|---|
| | | | | | |

Name | Exercises 13-10 to 13-11
Section
Date

General Journal

| Date | Account Titles and Explanation | Ref. | Debit | Credit |
|---|---|---|---|---|
| | | | | |

Name
Section
Date

Problem 13-1A

Calgary Flames Limited Partnership

Name Problem 13-2A
Section
Date Hamp and Vong Companies

General Journal

| Date | Account Titles and Explanation | Ref. | Debit | Credit |
|---|---|---|---|---|

(c)

HAMP-VONG PARTNERSHIP
Balance Sheet
January 1, 2003

Name | Problem 13-3A
Section
Date | Interplay @

INTERPLAY @
Balance Sheet
June 30, 2003

Name Problem 13-4A
Section
Date LMN Company

(a)

LMN COMPANY
Division of Net Income

| | Lois Lang | Mary Mio | Sue Norton | Total |
|---|---|---|---|---|
| | | | | |
| | | | | |
| | | | | |
| | | | | |
| | | | | |
| | | | | |
| | | | | |
| | | | | |
| | | | | |
| | | | | |
| | | | | |
| | | | | |
| | | | | |
| | | | | |
| | | | | |
| | | | | |
| | | | | |
| | | | | |
| | | | | |
| | | | | |

(b)

LMN COMPANY
Statement of Partner's Capital
For the Year Ended December 31, 2003

| | Lois Lang | Mary Mio | Sue Norton | Total |
|---|---|---|---|---|
| | | | | |
| | | | | |
| | | | | |
| | | | | |
| | | | | |
| | | | | |
| | | | | |
| | | | | |
| | | | | |
| | | | | |

(a) Continued

General Journal

| Date | Account Titles and Explanation | Ref. | Debit | Credit |
|---|---|---|---|---|

METFIN PROPERTIES LIMITED PARTNERSHIP
Income Statement
For the Year Ended December 31, 2000

METFIN PROPERTIES LIMITED PARTNERSHIP
Statement of Partners' Capital
For the Year Ended December 31, 2000

| | General Partner | Limited Partners | Total |
| --- | --- | --- | --- |

METFIN PROPERTIES LIMITED PARTNERSHIP
Balance Sheet
December 31, 2000

Name Problem 13-6A
Section
Date ELMO Company

(a)

General Journal

| Date | Account Titles and Explanation | Ref. | Debit | Credit |
| --- | --- | --- | --- | --- |

(b)

Name Problem 13-7A

Section

Date ART Company

(a) General Journal

| Date | Account Titles and Explanation | Ref. | Debit | Credit |
|---|---|---|---|---|
| | | | | |

(b)

Name Problem 13-8A

Section

Date Inland Lakes Company

(a)

## General Journal

| Date | Account Titles and Explanation | Ref. | Debit | Credit |
|---|---|---|---|---|
| | | | | |

(b)

**Cash**

| | |
|---|---|
| Bal. 24,000 | |

**T.E. Huron, Capital**

| | |
|---|---|
| | Bal. 25,000 |

**P.A. Erie, Capital**

| | |
|---|---|
| | Bal. 12,800 |

**C.R. Lake, Capital**

| | |
|---|---|
| | Bal. 3,200 |

Name Problem 13-9A

Section

Date A.J., Nick, Howie, Brian and Kevin

## GeneraL Journal

| Date | Account Titles and Explanation | Ref. | Debit | Credit |
|---|---|---|---|---|
| | | | | |

Name

Section

Date



E 14-1

E 14-2

General Journal

| Date | Account Titles and Explanation | Ref. | Debit | Credit |
|---|---|---|---|---|

Name
Section
Date



General Journal

| E 14-3<br>Date | Account Titles and Explanation | Ref. | Debit | Credit |
|---|---|---|---|---|
| | | | | |

E 14-4

Name

Section

Date



E 14-5 (a)

General Journal

| Date | Account Titles and Explanation | Ref. | Debit | Credit |
|---|---|---|---|---|
| | | | | |
| | | | | |
| | | | | |
| | | | | |
| | | | | |
| | | | | |
| | | | | |
| | | | | |
| | | | | |
| | | | | |

(b)

E 14-6

General Journal

| Date | Account Titles and Explanation | Ref. | Debit | Credit |
|---|---|---|---|---|
| | | | | |
| | | | | |
| | | | | |
| | | | | |
| | | | | |
| | | | | |
| | | | | |
| | | | | |
| | | | | |
| | | | | |
| | | | | |
| | | | | |
| | | | | |
| | | | | |
| | | | | |
| | | | | |
| | | | | |
| | | | | |
| | | | | |
| | | | | |

E 14-7

E 14-8

| | Shareholders' Equity | | | Other | |
|---|---|---|---|---|---|
| | Contributed Capital | | | | |
| Account | Share Capital | Additional Contributed Capital | Retained Earnings | Financial Statement | Classification |
| 1. Cash | | | | Balance Sheet | Current Asset |
| 2. Common Shares | | | | | |
| 3. Contributed Capital in Excess of Stated Value—Preferred Shares | | | | | |
| 4. Gain on Sale of Capital Assets | | | | | |
| 5. Patents | | | | | |
| 6. Preferred Shares | | | | | |
| 7. Retained Earnings | | | | | |
| 8. Legal Fees | | | | | |

Name

Section

Date



E 14-9

(a)

FUTURE SHOP LTD
(Partial) Balance Sheet
April 1, 2000

(b)

E 14-10

Name

Section

Date

Problem 14-1A

Name | Problem 14-2A
Section
Date | Maple Corporation

(a) General Journal

| Date | Account Titles and Explanation | Ref. | Debit | Credit |
|---|---|---|---|---|
| | | | | |

(b)

Preferred Shares

| Date | Explanation | Ref. | Debit | Credit | Balance |
|---|---|---|---|---|---|
| | | | | | |
| | | | | | |
| | | | | | |

Common Shares

| Date | Explanation | Ref. | Debit | Credit | Balance |
|---|---|---|---|---|---|
| | | | | | |
| | | | | | |
| | | | | | |
| | | | | | |
| | | | | | |
| | | | | | |

Contributed Capital in Excess of Stated Value—Common Shares

| Date | Explanation | Ref. | Debit | Credit | Balance |
|---|---|---|---|---|---|
| | | | | | |
| | | | | | |
| | | | | | |
| | | | | | |
| | | | | | |
| | | | | | |

(c)

WETLAND CORPORATION
(Partial) Balance Sheet
December 31, 2003

Shareholders' Equity

Name Problem 14-4A

Section

Date Remmers Corporation

(a)

| |
|---|
| |
| |
| |
| |
| |
| |
| |
| |
| |

(b) General Journal J1

| Date | Account Titles and Explanation | Ref. | Debit | Credit |
|---|---|---|---|---|
| | | | | |

(c)

Preferred Shares

| Date | Explanation | Ref. | Debit | Credit | Balance |
|---|---|---|---|---|---|
| Jan.1 | Balance | ✓ | | | 400000 |
| | | | | | |
| | | | | | |
| | | | | | |
| | | | | | |
| | | | | | |
| | | | | | |

Contributed Capital in Excess of Stated Value—Preferred Shares

| Date | Explanation | Ref. | Debit | Credit | Balance |
|---|---|---|---|---|---|
| Jan.1 | Balance | ✓ | | | 60000 |
| | | | | | |
| | | | | | |
| | | | | | |
| | | | | | |
| | | | | | |
| | | | | | |

Common Shares

| Date | Explanation | Ref. | Debit | Credit | Balance |
|---|---|---|---|---|---|
| Jan.1 | Balance | ✓ | | | 1050000 |
| | | | | | |
| | | | | | |
| | | | | | |

Retained Earnings

| Date | Explanation | Ref. | Debit | Credit | Balance |
|---|---|---|---|---|---|
| Jan.1 | Balance | ✓ | | | 300000 |
| | | | | | |
| | | | | | |
| | | | | | |

(d)

REMMERS CORPORATION
(Partial) Balance Sheet
December 31, 2003

| | | |
|---|---|---|
| Shareholders' Equity | | |

Name

Section

Date

Problem 14-5A

Chung Corporation

(a) and (b)

General Journal

| Date | Account Titles and Explanation | Ref. | Debit | Credit |
|---|---|---|---|---|
| | | | | |

(e) and (f)

(c)

Preferred Shares

| Date | Explanation | Ref. | Debit | Credit | Balance |
| --- | --- | --- | --- | --- | --- |
| Jan. 1 | Balance | ✔ | | | 320000 |
| | | | | | |
| | | | | | |

Common Shares

| Date | Explanation | Ref. | Debit | Credit | Balance |
| --- | --- | --- | --- | --- | --- |
| Jan. 1 | Balance | ✔ | | | 1425000 |
| | | | | | |
| | | | | | |
| | | | | | |

Retained Earnings

| Date | Explanation | Ref. | Debit | Credit | Balance |
| --- | --- | --- | --- | --- | --- |
| Jan. 1 | Balance | ✔ | | | 488000 |
| | | | | | |
| | | | | | |
| | | | | | |

(d)

CHUNG CORPORATION
(Partial) Balance Sheet
December 31, 2003

| | | |
| --- | --- | --- |
| Shareholders' Equity | | |

Name

Section

Date

Problem 14-6A

Huy Corporation

(a)

HUY CORPORATION
(Partial) Balance Sheet
December 31, 2003

Shareholders' Equity

(b) and (c)

P14-7A

| Transaction | | Book value per share ($10) | Return on equity (10%) |
|---|---|---|---|
| (a) | Branch issued 1,000, no par value common shares for $25 per share. | | |
| (b) | The company issued 100, no par value preferred shares for $50 per share. | | |
| (c) | The company reported net income of $100,000 for the current year. | | |

P 14-8A (a) and (b)

(c)

(a)

REITMANS (CANADA) LIMITED
Balance Sheet
February 3, 2001

(b) and (c)

| Name | Exercise 15-1 |
|---|---|
| Section | |
| Date | Oshawa Corporation |

| (a) and (b) | 2002 | 2003 | 2004 |
|---|---|---|---|
| | | | |
| | | | |
| | | | |
| | | | |
| | | | |
| | | | |
| | | | |
| | | | |
| | | | |
| | | | |
| | | | |
| | | | |
| | | | |
| | | | |
| | | | |
| | | | |
| | | | |
| | | | |
| | | | |
| | | | |

(c)

General Journal

| Date | Account Titles and Explenation | Ref. | Debit | Credit |
|---|---|---|---|---|
| | | | | |
| | | | | |
| | | | | |
| | | | | |
| | | | | |
| | | | | |
| | | | | |
| | | | | |
| | | | | |
| | | | | |
| | | | | |
| | | | | |
| | | | | |
| | | | | |
| | | | | |
| | | | | |
| | | | | |
| | | | | |
| | | | | |

| Name | Exercise 15-2 |
|---|---|
| Section | |
| Date | Laine Company |

| | Before Action | After Stock Dividend | After Stock Split |
|---|---|---|---|
| | | | |

Section

Date

E 15-3

E 15-4

General Journal

| Date | Account Titles and Explanation | Ref. | Debit | Credit |
|---|---|---|---|---|
| | | | | |

Name Exercise 15-5
Section
Date Tashia Corporation

(a) General Journal

| Date | Account Titles and Explanation | Ref. | Debit | Credit |
|---|---|---|---|---|

(b)

WINDSOR CORPORATION
Statement of Retained Earnings
For the Year Ended December 31, 2003

Name | | Exercise 15-7
---|---|---
Section | |
Date | | Kettle Corporation

| Item | Contributed Capital: Share Capital | Contributed Capital: Additional | Retained Earnings | Total Shareholder's Equity |
|---|---|---|---|---|
| 1. Declared cash dividend | NE | NE | D | D |
| 2. | | | | |
| 3. | | | | |
| 4. | | | | |
| 5. | | | | |
| 6. | | | | |
| 7. | | | | |
| 8. | | | | |

Name | Exercise 15-8
Section
Date | Knowledge Corporation

(a)

General Journal

| Date | Account Titles and Explanation | Ref. | Debit | Credit |
|---|---|---|---|---|

(b)

KNOWLEDGE CORPORATION
(Partial) Balance Sheet
December 31, 2003

| Shareholders' Equity | | |
|---|---|---|

Name Exercise 15-9

Section

Date Byung-Kee Inc.

BYUNG-KEE INC.
(Partial) Balance Sheet
December 31, 2003

| | | |
|---|---|---|
| Shareholders' equity | | |

Name Exercise 15-10

Section

Date Grometer Corporation

(a)

GROMETER CORPORATION
(Partial) Income Statement
For the Year Ended October 31, 2003

(b)

MEMO

(a)

DASOLA CORPORATION
(Partial) Income Statement
For the Year Ended December 31, 2003

Income from continuing operations

(b)

Name

Section

Date



E 15-12

E 15-13

| | 2000 | 1999 | 1998 |
|---|---|---|---|

Name

Section

Date

Problem 15-1A

Laporte Corporation

Name Problem 15-2A

Section

Date Tmao Inc.

General Journal (not required)

| Date | Account Titles and Explanation | Ref. | Debit | Credit |
|---|---|---|---|---|
| | | | | |

TMAO INC.
Statement of Retained Earnings
For the Year Ended December 31, 2003

| | | |
|---|---|---|
| | | |

Name
Section
Date

Problem 15-3A

Cedeno Inc.

General Journal

| Date | Account Titles and Explanation | Ref. | Debit | Credit |
|---|---|---|---|---|
| | | | | |

(b)

Common Shares

| Date | Explanation | Ref. | Debit | Credit | Balance |
|---|---|---|---|---|---|
| Jan.1 | Balance | ✔ | | | 1 500 000 |
| | | | | | |
| | | | | | |
| | | | | | |

Common Stock Dividends Distributable

| Date | Explanation | Ref. | Debit | Credit | Balance |
|---|---|---|---|---|---|
| Jan.1 | Balance | ✔ | | | 200 000 |
| | | | | | |
| | | | | | |

Retained Earnings

| Date | Explanation | Ref. | Debit | Credit | Balance |
|---|---|---|---|---|---|
| Jan.1 | Balance | ✔ | | | 600 000 |
| | | | | | |
| | | | | | |
| | | | | | |

Cash Dividends

| Date | Explanation | Ref. | Debit | Credit | Balance |
|---|---|---|---|---|---|
| | | | | | |
| | | | | | |
| | | | | | |

(c)

CEDENO INC.
(Partial) Balance Sheet
December 31, 2003

| | | |
|---|---|---|
| Shareholders' Equity | | |
| | | |
| | | |
| | | |
| | | |

Name Problem 15-4A
Section
Date LeBlanc Corporation

(a)

## General Journal

| Date | Account Titles and Explanation | Ref. | Debit | Credit |
|---|---|---|---|---|
| | | | | |

(b)

Common Shares

| Date | Explanation | Ref. | Debit | Credit | Balance |
|---|---|---|---|---|---|
| Jan.1 | Balance | ✔ | | | 900000 |
| | | | | | |
| | | | | | |

Common Stock Dividends Distributable

| Date | Explanation | Ref. | Debit | Credit | Balance |
|---|---|---|---|---|---|
| | | | | | |
| | | | | | |
| | | | | | |

Retained Earnings

| Date | Explanation | Ref. | Debit | Credit | Balance |
|---|---|---|---|---|---|
| Jan.1 | Balance | ✔ | | | 540000 |
| | | | | | |
| | | | | | |
| | | | | | |

Stock Dividends

| Date | Explanation | Ref. | Debit | Credit | Balance |
|---|---|---|---|---|---|
| | | | | | |
| | | | | | |
| | | | | | |

Cash Dividends

| Date | Explanation | Ref. | Debit | Credit | Balance |
|---|---|---|---|---|---|
| | | | | | |
| | | | | | |
| | | | | | |
| | | | | | |

(c)

LEBLANC CORPORATION
(Partial) Balance Sheet
December 31, 2003

| | | |
|---|---|---|
| Shareholders' Equity | | |
| | | |
| | | |
| | | |
| | | |
| | | |
| | | |
| | | |

Name | Problem 15-5A
Section
Date | Jajoo Corporation

(a)

| | Preferred Dividend | Common Dividend | Total |
|---|---|---|---|
| | | | |
| | | | |
| | | | |
| | | | |
| | | | |
| | | | |
| | | | |
| | | | |
| | | | |
| | | | |
| | | | |
| | | | |
| | | | |
| | | | |

(b)

JAJOO CORPORATION
Statement of Retained Earnings
For the Year Ended December 31, 2003

| | |
|---|---|
| | |
| | |
| | |
| | |
| | |
| | |
| | |
| | |
| | |
| | |
| | |
| | |
| | |
| | |
| | |

(c)

JAJOO CORPORATION
(Partial) Balance Sheet
December 31, 2003

| | |
|---|---|
| Shareholders' equity | |

Name
Section
Date

Problem 15-6A

Hyperchip Corporation

(a)

HYPERCHIP CORPORATION
Income Statement
For the Year Ended November 30, 2003

(b) Earnings per share

Name Problem 15-7A
Section
Date Blue Bay Limited

(a)

**BLUE BAY LIMITED**
Income Statement
For the Year Ended December 31, 2003

BLUE BAY LIMITED
Statement of Retained Earnings
For the Year Ended December 31, 2003

Name

Section

Date

Problem 15-8A

CN

Name | Exercise 16-1
Section
Date | Charter Airlines

| | Issue Shares | Issue Bonds |
|---|---|---|
| | | |

Name

Section

Date



## General Journal

| Date | Account Titles and Explanation | Ref. | Debit | Credit |
|---|---|---|---|---|
| | | | | |

Name

Section

Date



## General Journal

| Date | Account Titles and Explanation | Ref. | Debit | Credit |
|---|---|---|---|---|

Name

Section

Date

Exercise 16-6

Villeneuve Inc.

(a) and (b)

General Journal

| Date | Account Titles and Explanation | Ref. | Debit | Credit |
| --- | --- | --- | --- | --- |
| | | | | |

(c) and (d)

Name
Section
Date



## General Journal

| Date | Account Titles and Explanation | Ref. | Debit | Credit |
|---|---|---|---|---|
| | | | | |

Name
Section
Date



General Journal

| Date | Account Titles and Explanation | Ref. | Debit | Credit |
|---|---|---|---|---|
| | | | | |

Section
Date

General Journal

E 16-11

| Date | Account Titles and Explanation | Ref. | Debit | Credit |
| --- | --- | --- | --- | --- |
| | | | | |

E 16-12

(a)

PRIYA CORPORATION
(Partial) Balance Sheet
July 31, 2004

(b)

Name Problem 16-1A

Section

Date Ecomdrive.com Corporation

(a) General Journal

| Date | Account Titles and Explanation | Ref. | Debit | Credit |
| --- | --- | --- | --- | --- |
| | | | | |

(b)

ECOMDRIVE.COM CORPORATION
(Partial) Balance Sheet
December 31, 2003

Name Problem 16-2A

Section

Date Easter Electric

(a) and (c) General Journal

| Date | Account Titles and Explanation | Ref. | Debit | Credit |
| --- | --- | --- | --- | --- |
| | | | | |

(b)

| Semi-annual Interest Period | Interest Payment | Interest Expense | Premium Amortization | Unamortized Premium | Bond Carrying Value |
|---|---|---|---|---|---|
| | | | | | |
| | | | | | |
| | | | | | |
| | | | | | |
| | | | | | |
| | | | | | |
| | | | | | |
| | | | | | |
| | | | | | |

(d)

EASTER ELECTRIC
(Partial) Balance Sheet
December 31, 2004

| | | |
|---|---|---|
| | | |
| | | |
| | | |
| | | |
| | | |
| | | |
| | | |
| | | |
| | | |
| | | |

Name Problem 16-3A

Section

Date Global Satellites

(a), (c), (d) and (e) General Journal

| Date | Account Titles and Explanation | Debit | Credit |
| --- | --- | --- | --- |
| | | | |

CLIO CORPORATION

Bond Discount Amortization

Effective Interest Method—Semi-annual Interest Payments

(b)

| Semi-annual Interest Periods | Interest Payment | Interest Expense | Discount Amortization | Unamortized Discount | Bond Carrying Value |
| --- | --- | --- | --- | --- | --- |
| | | | | | |

General Journal

| Date | Account Titles and Explanation | Ref. | Debit | Credit |
|---|---|---|---|---|
| | | | | |

Name | Problem 16-5A
Section
Date | Webhancer Corp.

(a)

General Journal

| Date | Account Titles and Explanation | Ref. | Debit | Credit |
| --- | --- | --- | --- | --- |
| | | | | |

(b)

WEBHANCER CORP.
(Partial) Balance Sheet
December 31, 2004

| | | |
| --- | --- | --- |
| | | |

(c)

Name Problem 16-6A

Section

Date Bermuda Corp.

General Journal

| Date | Account Titles and Explanation | Ref. | Debit | Credit |
|---|---|---|---|---|
| | | | | |

Name
Section
Date

Problem 16-7A

Kinyae Electronics

(a)

| Semi-annual Interest Period | Cash Payment | Interest Expense | Reduction of Principal | Principal Balance |
|---|---|---|---|---|
| | | | | |
| | | | | |
| | | | | |
| | | | | |
| | | | | |
| | | | | |

(b)

General Journal

| Date | Account Titles and Explanation | Debit | Credit |
|---|---|---|---|
| | | | |
| | | | |
| | | | |
| | | | |
| | | | |
| | | | |
| | | | |
| | | | |
| | | | |
| | | | |
| | | | |
| | | | |
| | | | |
| | | | |
| | | | |

(c)

KINYAE ELECTRONICS
(Partial) Balance Sheet
December 31, 2004

| | | |
|---|---|---|
| | | |
| | | |
| | | |
| | | |
| | | |
| | | |
| | | |
| | | |

Name | Problem 16-8A
Section
Date | Manitoba Enterprises

Name

Section

Date



General Journal

| Date | Account Titles and Explanation | Ref. | Debit | Credit |
| --- | --- | --- | --- | --- |
| | | | | |

Name Exercise 17-3
Section
Date Visage Cosmetics and Ismail, Inc.

## General Journal

| Date | Account Titles and Explanation | Ref. | Debit | Credit |
|---|---|---|---|---|
| | | | | |
| | | | | |
| | | | | |
| | | | | |
| | | | | |
| | | | | |
| | | | | |
| | | | | |
| | | | | |
| | | | | |
| | | | | |
| | | | | |
| | | | | |
| | | | | |
| | | | | |
| | | | | |
| | | | | |
| | | | | |
| | | | | |
| | | | | |
| | | | | |
| | | | | |
| | | | | |
| | | | | |
| | | | | |
| | | | | |
| | | | | |
| | | | | |
| | | | | |
| | | | | |
| | | | | |
| | | | | |
| | | | | |
| | | | | |
| | | | | |
| | | | | |
| | | | | |
| | | | | |
| | | | | |
| | | | | |

Name Exercise 17-4

Section

Date Malea Company

(a) General Journal

| Date | Account Titles and Explanation | Ref. | Debit | Credit |
| --- | --- | --- | --- | --- |
| | | | | |

(b)

Name
Section
Date

Exercise 17-5

Zellers

(a)

General Journal

| Date | Account Titles and Explanation | Ref. | Debit | Credit |
| --- | --- | --- | --- | --- |
| | | | | |

(b), (c), and (d)

Name Exercise 17-6

Section

Date Market Ltd.

General Journal

| Date | Account Titles and Explanation | Ref. | Debit | Credit |
|---|---|---|---|---|
| | | | | |

Name
Section
Date



General Journal

| Date | Account Titles and Explanation | Ref. | Debit | Credit |
| --- | --- | --- | --- | --- |
| E 17-7 | | | | |

E 17-8

General Journal

| Date | Account Titles and Explanation | Ref. | Debit | Credit |
| --- | --- | --- | --- | --- |
| | | | | |

Name

Section

Date

Exercise 17-9

Yanik, Inc.

(a)

General Journal

| Date | Account Titles and Explanation | Ref. | Debit | Credit |
|---|---|---|---|---|
| | | | | |
| | | | | |
| | | | | |
| | | | | |
| | | | | |

(b)

(c)

(a)

General Journal

| Date | Account Titles and Explanation | Ref. | Debit | Credit |
| --- | --- | --- | --- | --- |

(b)

| Name | Exercise 17-11 |
|---|---|
| Section | |
| Date | New Bay Inc. |

| Account | Classification |
|---|---|
| Accounts payable | |
| Accounts receivable | |
| Accumulated amortization, computers | |
| Acumulated amortization,equipment | |
| Allowance for doubtful accounts | |
| Allowance to reduce cost to market value | |
| Bonds payable, 8%, due 2012 | |
| Cash and cash equivalents | |
| Common shares, 10,000 no par value shares | |
| Computers | |
| Debt investment (Aliant Inc. bonds) | |
| Discount on bonds payable | |
| Equipment | |
| Equity investment (Hemosol Inc. common shares), at equity | |
| Income tax payable | |
| Merchandise inventory | |
| Retained earnings | |
| Salaries payable | |
| Temporary investments, at market | |

Name

Section

Date

Problem 17-1A

CASB and Densmore Consulting

(a) and (b)

General Journal

| Date | Account Titles and Explanation | Ref. | Debit | Credit |
| --- | --- | --- | --- | --- |
| | | | | |

(c)

(a) and (b)

General Journal

| Date | Account Titles and Explanation | Ref. | Debit | Credit |
|---|---|---|---|---|
| | | | | |

(c)

THERRIAULT CARECENTRES INC.
(Partial) Balance Sheet
December 31, 2003

| | | |
|---|---|---|
| | | |

Name Problem 17-3A
Section
Date Rakai Company

(a) and (b) General Journal

| Date | Account Titles and Explanation | Ref. | Debit | Credit |
|---|---|---|---|---|
| | | | | |

Equity Investment – IBF Shares

Equity Investment – IMA Shares

Equity Investment – CRT Bonds

(b)

| Security | Cost | Market Value |
| --- | --- | --- |
| | | |
| | | |
| | | |
| | | |
| | | |
| | | |
| | | |
| | | |
| | | |
| | | |

(c)

RAKAI COMPANY
(Partial) Balance Sheet
December 31, 2003

| | |
| --- | --- |
| | |
| | |
| | |
| | |
| | |
| | |
| | |
| | |
| | |
| | |

(d)

Name — Problem 17-4A

Section

Date — Cardinal Concrete

(a) and (b) General Journal

| Date | Account Titles and Explanation | Ref. | Debit | Credit |
|---|---|---|---|---|

(c)

MEMORANDUM

| | Cost Method | Equity Method |
|---|---|---|
| | | |
| | | |
| | | |
| | | |
| | | |
| | | |
| | | |
| | | |
| | | |
| | | |

(a) Situation A:

Situation B:

Situation C:

(c) Situation A:

Situation B:

Situation C:

(d)

(b)

General Journal

| Date | Account Titles and Explanation | Ref. | Debit | Credit |
| --- | --- | --- | --- | --- |
| | | | | |

Name Problem 17-6A
Section
Date Harmon Associates

(a) and (b) General Journal

| Date | Account Titles and Explanation | Ref. | Debit | Credit |
|---|---|---|---|---|
| | | | | |

| Equity Investment – Allain Common | |
|---|---|
| | |

| Equity Investment – Basabe Common | |
|---|---|
| | |

| Equity Investment – Crouse Common | |
|---|---|
| | |

(b)

| Security | Cost | Market Value |
|---|---|---|
| | | |
| | | |
| | | |
| | | |
| | | |
| | | |
| | | |
| | | |
| | | |
| | | |

(c)

HARMON ASSOCIATES
(Partial) Balance Sheet
December 31, 2003

| | |
|---|---|
| | |
| | |
| | |
| | |
| | |
| | |
| | |
| | |
| | |
| | |

(a) and (c)

General Journal

| Date | Account Titles and Explanation | Ref. | Debit | Credit |
|---|---|---|---|---|
| | | | | |

(b)

Equuity Investment – Awixa Corporation
Common Shares

Equity Investment – HAL Corporation
Common Shares

Equity Investment – Renda Corporation
Preferred Shares

Equity Investment – Mintor Corporation
Common Shares

(c)

| Security | Cost | Market Value |
|---|---|---|
| | | |
| | | |
| | | |
| | | |
| | | |
| | | |
| | | |
| | | |
| | | |
| | | |

(d)

HI-TECH COMPANY
(Partial) Balance Sheet
December 31, 2003

| | |
|---|---|
| | |
| | |
| | |
| | |
| | |
| | |
| | |
| | |
| | |
| | |

Name

Section

Date

Problem 17-8A

Sturge Enterprises Inc.

| Name | Problem 17-9A |
|---|---|
| Section | |
| Date | Webb Corporation |

WEBB CORPORATION
Balance Sheet
December 31, 2003

WEBB CORPORATION
Balance Sheet (Continued)
December 31, 2003

E 18-1

| E 18-2 | Item | Classification |
|---|---|---|
| (a) | Purchase of land. | |
| (b) | Payment of dividends. | |
| (c) | Sale of building at a gain. | |
| (d) | Exchange of land for patent. | |
| (e) | Redemption of bonds. | |
| (f) | Receipt of interest on notes receivable. | |
| (g) | Issuance of share capital. | |
| (h) | Amortization of patent. | |
| (i) | Issuance of bonds for land. | |
| (j) | Payment of interest on notes payable. | |
| (k) | Sale of land at a loss. | |
| (l) | Receipt of dividends on investment in preferred shares. | |

E 18-3

PESCI COMPANY
(Partial) Cash Flow Statement
For the Year Ended July 31, 2003

E 18-4

INVEST.COM INC.
(Partial) Cash Flow Statement
For the Year Ended December 31, 2003

E 18-5

DUPRÉ CORP.
(Partial) Cash Flow Statement
For the Year Ended December 31, 2003

E 18-6

MCGILLIS COMPANY
(Partial) Cash Flow Statement
For the Year Ended December 31, 2003

Accounts Receivable

| | |
|---|---|
| Bal. 0 | |
| Bal. 42,000 | |

Accounts Payable

| | |
|---|---|
| | Bal. 0 |
| | Bal. 33,000 |

Name

Section

Date

E 18-7

E 18-8

Name Exercise 18-9
Section
Date Frontier Airlines

FRONTIER AIRLINES
(Partial) Cash Flow Statement
For the Year Ended December 31, 2003

Name Exercise 18-10
Section
Date Véfour Company

(a)

VÉFOUR COMPANY
Cash Flow Statement
For the Year Ended December 31, 2003

(b)

Name

Section

Date

Exercise 18-11

Reitmans and La Senza

# VÉFOUR COMPANY
## Work Sheet—Cash Flow Statement
## For the Year Ended December 31, 2003

| Balance Sheet Accounts | Balance 12/31/02 | Reconciling Items Debit | Reconciling Items Credit | Balance 12/31/03 |
|---|---|---|---|---|
| Debits | | | | |
| Cash | 22000 | | | 63000 |
| Accounts receivable | 76000 | | | 85000 |
| Inventories | 189000 | | | 180000 |
| Land | 100000 | | | 75000 |
| Equipment | 200000 | | | 260000 |
| | 587000 | | | 663000 |
| Credits | | | | |
| Accumulated amortization | 42000 | | | 66000 |
| Accounts payable | 47000 | | | 34000 |
| Bonds payable | 200000 | | | 150000 |
| Common shares | 164000 | | | 214000 |
| Retained earnings | 134000 | | | 199000 |
| | 587000 | | | 663000 |
| Cash Flow Statement Effects | | | | |

Name

Section

Date



P 18-1A

| Transaction | Classification | Cash Inflow or Outflow? |
| --- | --- | --- |
| (a) | | |
| (b) | | |
| (c) | | |
| (d) | | |
| (e) | | |
| (f) | | |
| (g) | | |
| (h) | | |
| (i) | | |
| (j) | | |
| (k) | | |
| (l) | | |

P 18-2A

SNAIR LIMITED
(Partial) Cash Flow Statement
For the Year Ended December 31, 2003

COUSIN TOMMY'S TOY COMPANY
Cash Flow Statement
For the Year Ended December 31, 2003

Name Problem 18-4A

Section

Date Trudeau Inc.

Name

Section

Date

Problem 18-5A

Oak Island Company

(a)

(Indirect)

OAK ISLAND COMPANY
(Partial) Cash Flow Statement
For the Year Ended November 30, 2003

(b) (Direct)

OAK ISLAND COMPANY
(Partial) Cash Flow Statement
For the Year Ended November 30, 2003

Calculations

(1) Cash receipts from customers:

(2) Cash payments to suppliers:

(3) Cash payments for operating expenses:

Name
Section
Date

Problem 18-6A

Hanalei International Inc.

**HANALEI INTERNATIONAL INC.**
**(Partial) Cash Flow Statement**
**For the Year Ended December 31, 2003**

Calculations

(1) Cash receipts from customers:

(2) Cash payments for operating expenses:

(3) Cash payments for income tax:

Name

Section

Date

Problem 18-7A

e-Perform.com Ltd.

E-PERFORM.COM LTD.
Cash Flow Statement
For the Year Ended December 31, 2003

(Indirect)

ST. ALBAN'S COMPANY LTD.
Cash Flow Statement
For the Year Ended December 31, 2003

(Direct)

ST. ALBAN'S COMPANY LTD.
Cash Flow Statement
For the Year Ended December 31, 2003

(b) (Continued)

Calculations

(1) Cash receipts from customers:

(2) Cash payments to suppliers:

(3) Cash payments for operating expenses:

(4) Cash payments for income tax:

(c)

Name *Problem 18-9A
Section
Date Cousin Tommy's Toy Company

COUSIN TOMMY'S TOY COMPANY
Work Sheet—Cash Flow Statement
For the Year Ended December 31, 2003

| Balance Sheet Accounts | Balance 12/31/02 | Reconciling Items | | Balance 12/31/03 |
|---|---|---|---|---|
| | | Debit | Credit | |
| Debits | | | | |
| Cash | 45000 | | | 39000 |
| Accounts receivable | 52000 | | | 49500 |
| Inventory | 142000 | | | 151450 |
| Prepaid expenses | 21000 | | | 16780 |
| Land | 130000 | | | 100000 |
| Equipment | 155000 | | | 228000 |
| Building | 200000 | | | 200000 |
| | 745000 | | | 784730 |
| Credits | | | | |
| Accumulated amortization-equipment | 35000 | | | 45000 |
| Accumulated amortization-building | 40000 | | | 60000 |
| Accounts payable | 40000 | | | 38730 |
| Bonds payable | 300000 | | | 250000 |
| Common shares | 150000 | | | 200000 |
| Retained earnings | 180000 | | | 191000 |
| | 745000 | | | 784730 |
| Cash Flow Statement Effects | | | | |

E 19-1 Horizontal Analysis

DRESSAIRE INC.
Balance Sheet
December 31

| | 2003 | 2002 | Increase (Decrease) Amount | Percent |
|---|---|---|---|---|
| Current assets | 125000 | 100000 | | |
| Capital assets (net) | 400000 | 330000 | | |
| Total assets | 525000 | 430000 | | |
| Current liabilities | 91000 | 70000 | | |
| Long-term liabilities | 144000 | 95000 | | |
| Total liabilities | 235000 | 165000 | | |
| Common shares | 155000 | 115000 | | |
| Retained earnings | 135000 | 150000 | | |
| Total shareholders' equity | 290000 | 265000 | | |
| Total liabilities and equity | 525000 | 430000 | | |

E 19-2 Vertical Analysis

GEAR.COM CORPORATION
Income Statement
For the Years Ended December 31

| | 2003 Amount | 2003 Percent | 2002 Amount | 2002 Percent |
|---|---|---|---|---|
| Sales | 800000 | | 600000 | |
| Cost of goods sold | 464000 | | 378000 | |
| Gross profit | 336000 | | 222000 | |
| Selling expenses | 120000 | | 72000 | |
| Admin. expenses | 80000 | | 54000 | |
| Total operating expenses | 200000 | | 126000 | |
| Income before income tax | 136000 | | 96000 | |
| Income tax expense | 38400 | | 25200 | |
| Net income | 97600 | | 70800 | |

| Name | Exercise 19-3 |
|---|---|
| Section | |
| Date | Kouri Corporation |

(a) Horizontal Analysis

KOURI CORPORATION
Balance Sheet
December 31

| | 2003 | 2002 | Increase (Decrease) Amount | Increase (Decrease) Percent |
|---|---|---|---|---|
| Current assets | 76000 | 80000 | | |
| Capital assets (net) | 124000 | 130000 | | |
| Total assets | 200000 | 210000 | | |
| | | | | |
| Current liabilities | 45800 | 48000 | | |
| Long-term liabilities | 138000 | 150000 | | |
| Total liabilities | 183800 | 198000 | | |
| Shareholder's equity | 16200 | 12000 | | |
| Total liabilities and equity | 200000 | 210000 | | |

(b) Vertical Analysis

KOURI CORPORATION
Balance Sheet
December 31

| | 2003 Amount | 2003 Percent |
|---|---|---|
| Current assets | 76000 | |
| Capital assets (net) | 124000 | |
| Total assets | 200000 | |
| | | |
| Current liabilities | 45800 | |
| Long-term liabilities | 138000 | |
| Total liabilities | 16200 | |
| Total liabilities and shareholders equity | 200000 | |

MOUNTAIN EQUIPMENT CO-OP
Balance Sheet
December 31
(in thousands)

| (a) Horizontal Analysis | 2000 | 1999 | Increase (Decrease) Amount | Percent |
|---|---|---|---|---|
| Current assets | 31117 | 30656 | | |
| Investment and advances | 233 | 288 | | |
| Capital assets | 37123 | 29215 | | |
| Total asets | 68473 | 60159 | | |
| | | | | |
| Current liabilities | 12096 | 10567 | | |
| Long-term liabilities | 6069 | 6329 | | |
| Total liabilities | 18165 | 16896 | | |
| | | | | |
| Members' equity | 50308 | 43263 | | |
| Total liabilities and equity | 68473 | 60159 | | |

| (b) Vertical Analysis | 2000 Amount | 2000 Percent | 1999 Amount | 1999 Percent |
|---|---|---|---|---|
| Current assets | 31117 | | 30656 | |
| Investment and advances | 233 | | 288 | |
| Capital assets | 37123 | | 29215 | |
| Total assets | 68473 | | 60159 | |
| | | | | |
| Current liabilities | 12096 | | 10567 | |
| Long-term liabilities | 6069 | | 6329 | |
| Total liabilities | 18165 | | 16896 | |
| | | | | |
| Members' equity | 50308 | | 43263 | |
| Total liabilities and equity | 68473 | | 60159 | |

(c)

| Name | Exercise 19-5 |
|---|---|
| Section | |
| Date | Nordstar, Inc. |

(a)

| (b) | Nordstar | Sears Canada | Industry |
|---|---|---|---|
| | | | |
| | | | |
| | | | |
| | | | |
| | | | |

Name

Section

Date

Section
Date

Name | Problem 19-1A

Section

Date | Chen Company and Couric Company

(a)

VERTICAL ANALYSIS
Income Statements
For the Year Ended December 31, 2003

| | Chen Company | | Couric Company | |
|---|---|---|---|---|
| | Dollars | Percent | Dollars | Percent |
| Net sales | 1549035 | | 339038 | |
| Cost of good sold | 1080490 | | 238006 | |
| Gross profit | 468545 | | 101032 | |
| Operating expenses | 292275 | | 79000 | |
| Income from ops. | 176270 | | 22032 | |
| Interest expense | 6800 | | 2252 | |
| Income before income tax | 169470 | | 19780 | |
| Income tax expense | 41230 | | 6650 | |
| Net income | 128240 | | 13130 | |

(b)

(b) Continued and (c)

(a) Current ratio

(b) Acid test ratio

(c) Cash current debt coverage

(d) Receivables turnover

(e) Inventory turnover

(f) Cash return on sales

(g) Asset turnover

(h) Return on assets

(i) Return on common shareholders' equity

(j) Earnings per share

(k) Debt to total assets

(l) Interest coverage

(m) Cash interest coverage

(n) Cash total debt coverage

| Name | Problem 19-3A |
|---|---|
| Section | |
| Date | Pitka Corporation |

(a)

PITKA CORPORATION
Ratio Analysis

| 2003 | 2002 |
|---|---|
| 1. Receivables turnover | |
| | |
| 2. Inventory turnover | |
| | |
| 3. Profit margin | |
| | |
| 4. Gross profit margin | |
| | |
| 5. Asset turnover | |
| | |
| 6. Return on assets | |
| | |
| 7. Book value per share | |
| | |
| 8. Cash flow per share | |
| | |
| 9. Earnings per share | |
| | |
| 10. Price-earnings | |
| | |
| 11. Payout ratio | |
| | |
| 12. Dividend yield | |
| | |
| 13. Debt to total assets | |
| | |
| | |
| | |
| | |
| | |
| | |
| | |
| | |
| | |
| | |
| | |
| | |
| | |
| | |
| | |

(b)

Name
Section
Date

Problem 19-4A
Insider.com Company

(a)

**INSIDER.COM COMPANY**
**Ratio Analysis**

| 2003 | 2002 | Change |
|---|---|---|
| | | |
| | | |
| | | |
| | | |
| | | |
| | | |
| | | |
| | | |
| | | |
| | | |
| | | |
| | | |
| | | |
| | | |
| | | |
| | | |
| | | |
| | | |
| | | |
| | | |
| | | |
| | | |
| | | |
| | | |
| | | |
| | | |
| | | |
| | | |
| | | |
| | | |
| | | |
| | | |
| | | |
| | | |
| | | |
| | | |
| | | |
| | | |
| | | |
| | | |
| | | |

(b)

INSIDER.COM COMPANY
Ratio Analysis Extended to 2004

| 2004 | 2003 | Change |
|---|---|---|
| 1. Return on common shareholders' equity | | |
| | | |
| | | |
| | | |
| | | |
| | | |
| | | |
| | | |
| | | |
| | | |
| 2. Debt to total assets | | |
| | | |
| | | |
| | | |
| | | |
| | | |
| | | |
| | | |
| | | |
| | | |
| 3. Price-earnings | | |
| | | |
| | | |
| | | |
| | | |
| | | |
| | | |
| | | |
| | | |
| | | |
| | | |
| | | |
| | | |
| | | |
| | | |
| | | |
| | | |
| | | |
| | | |
| | | |

(a)

| Ratio | Future Shop Ltd. | Intertan, Inc. |
|---|---|---|
| 1. Current | | |
| 2. Receivables turnover | | |
| 3. Collection period | | |
| 4. Inventory turnover | | |
| 5. Days sales in inventory | | |
| 6. Profit margin | | |
| 7. Gross profit margin | | |
| 8. Asset turnover | | |
| 9. Return on assets | | |
| 10. Return on common shareholders' equity | | |
| 11. Debt to total assets | | |
| 12. Interest coverage | | |
| 13. Cash current debt coverage | | |
| 14. Cash return on sales | | |
| 15. Cash total debt coverage | | |

(b)

Name Problem 19-6A

Section

Date Mahat Corporation

| Transaction | Current Ratio (1.5:1) | Cash Current Debt Coverage (40%) | Debt to Total Assets (30%) | Return on Assets (20%) |
|---|---|---|---|---|
| (a) | | | | |
| (b) | | | | |
| (c) | | | | |
| (d) | | | | |
| (e) | | | | |
| (f) | | | | |
| | | | | |
| | | | | |

Name

Section

Date

Problem 19-7A

Resolute Corporation

| | | | | |
|---|---|---|---|---|
| | | | | |

RESOLUTE CORPORATION
Income Statement
For the Year Ended December 31, 2003

| | |
|---|---|
| Sales | |
| Cost of goods sold | 6960000 |
| Gross profit | |
| Operating expenses | 1665000 |
| Income from operations | |
| Interest expense | |
| Income before income tax | |
| Income tax expense | 580000 |
| Net income | |

RESOLUTE CORPORATION
Balance Sheet
December 31, 2003

| | |
|---|---|
| Assets | |
| Current assets | |
| Cash | |
| Accounts receivable (net) | 1250000 |
| Inventory | |
| Total current assets | |
| Capital assets (net) | 4600000 |
| Total assets | |
| Liabilities and Shareholders' Equity | |
| Current liabilities | |
| Long-term notes payable | |
| Total liabilities | |
| Common shares | 3200000 |
| Retained earnings | 400000 |
| Total shareholders' equity | 3600000 |
| Total liabilities and shareholders' equity | |

Name Problem 19-8A
Section
Date Nextec Corp.